예쁜 딸 옷 입히기

예쁜 딸 옷 입히기

지은이 **이혜원**
펴낸이 **안용백**
펴낸곳 **(주)넥서스**

초판 1쇄 발행 2011년 4월 25일
초판 3쇄 발행 2011년 5월 5일

2판 1쇄 인쇄 2013년 2월 26일
2판 1쇄 발행 2013년 3월 5일

출판신고 1992년 4월 3일 제311-2002-2호
121-840 서울시 마포구 서교동 394-2
Tel (02)330-5500 Fax (02)330-5555
ISBN 978-89-6790-223-0 13590

저자와 출판사의 허락 없이 내용의 일부를
인용하거나 발췌하는 것을 금합니다.
저자와의 협의에 따라서 인지는 붙이지 않습니다.

가격은 뒤표지에 있습니다.
잘못 만들어진 책은 구입처에서 바꾸어 드립니다.

본 책은 『마이 프리티 걸』의 개정판입니다.

www.nexusbook.com
넥서스BOOKS는 (주)넥서스의 실용 브랜드입니다.

스타일맘 이혜원의
예쁜 딸 옷 입히기

이혜원 지음

넥서스BOOKS

엄마라서 참 행복해

내가 세상에서 가장 잘한 일을 꼽는다면?
서슴없이 리원이와 리환이를 낳은 것이라고 말할 것이다.
열 달의 긴 과정과 산고의 고통을 이겨 낸 값진 보물이기에
이 세상의 모든 엄마는 칭찬 받아 마땅하다.

자식들을 위해 희생하는 엄마의 모습을 보며
나는 그렇게 하지 말자고 다짐했건만.
토끼 같은 아이들을 제 손으로 키우다 보니
어느새 나도 엄마를 닮아 가고 있다.
부드러우면서도 강인한 '엄마'라는 존재.

엄마를 존경하는 마음을 담아 아이들에게 더 잘하리라!
오늘도 다짐해 본다.

발명왕 소녀

2004년 5월에 나는 만났다.

내가 만난 특별한 소녀는 피겨 스케이팅을 하는 발명왕이 되는 게 꿈이다.

내가 만난 소녀는 아빠를 위해 함께 기도하고, 세뱃돈을 하나님의 씨앗으로 내밀 줄 안다.

내가 만난 든든한 소녀는 엄마가 없을 때 기꺼이 동생의 엄마가 되어 준다.

내가 만난 기특한 소녀는 잘못한 것을 알면 스스로 반성하려 한다.

내가 만난 그 소녀 덕분에 나는 또 다른 세상을 만났다.

힘든 회사 일로 무거운 마음을 안고 퇴근해도
나를 향해 미소 짓는 모습 한 번이면
언제 그랬냐는 듯 그간의 피로가 싹 풀릴 정도로 무엇과도 바꿀 수 없는 나의 엔도르핀.

〈괴물들이 사는 나라〉의 주인공처럼 귀여운 악동이지만.
〈올리비아〉의 주인공처럼 긍정적이고,
〈괜찮아〉의 주인공처럼 잘 웃을 줄 아는 아이.

나의 삶의 에너지인 내 아이를 생각하면
자꾸만 입가에 미소가 지어진다.

나의 엔도르핀

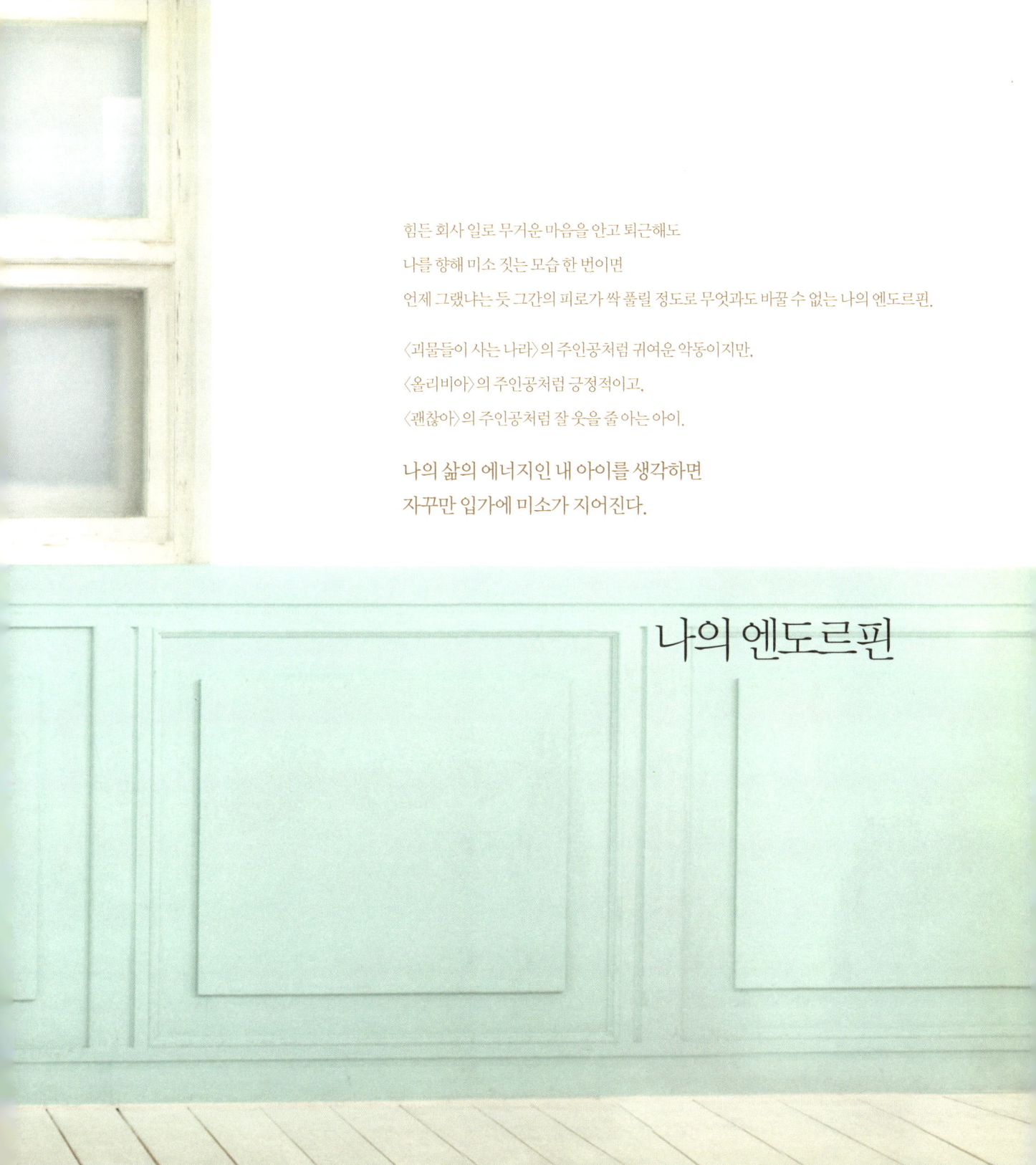

취향 닮아 가기

우리 모녀는 청바지 마니아.
옷을 입을 때면 어김없이 청바지를 꺼내 드는 우리들.
어린 딸은 세상에서 청바지가 제일 좋단다.
청바지를 즐겨 입는 엄마 아빠의 영향일까?

문득 기저귀를 떼기 전부터 청바지를 입고 아장아장 걷던 모습이 생각나면서
청바지를 좋아하는 취향까지 닮아 가는 모습에
괜시리 마음이 뭉클해진다.

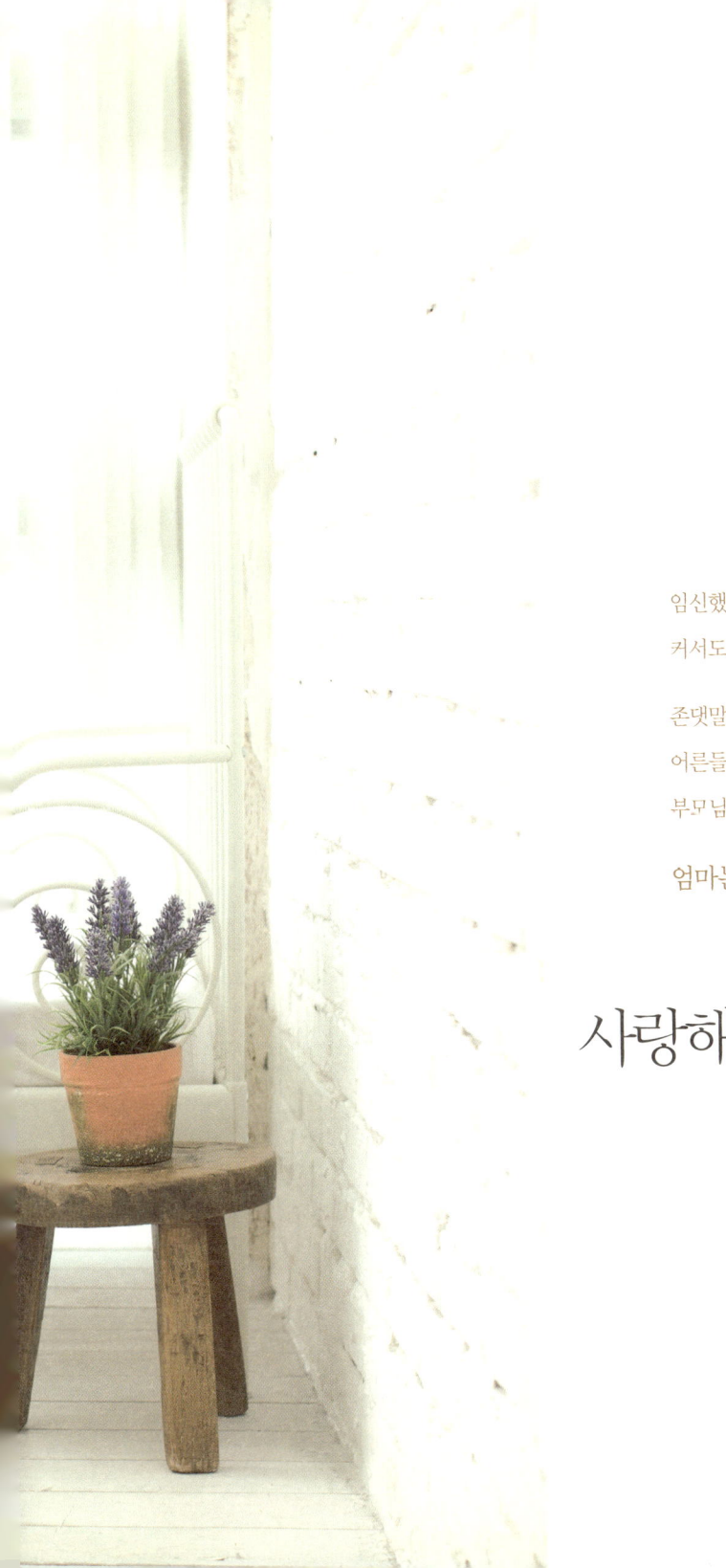

임신했을 때 뱃속의 아이에게 한 가지 바라던 것이 있었다.
커서도 건강하고 예의 바른 아이로 자라는 것.

존댓말을 쓰는 아이들.
어른들께 인사를 잘하는 아이들.
부모님만큼 선생님과 어른들을 공경하는 아이들.

엄마는 착하고 예의 바른 너희가 무척이나 자랑스럽다.

사랑해 사랑해!

자매처럼, 때론 친구처럼

어릴 적 나는 엄마 몰래 옷을 꺼내 입거나 립스틱을 발라 보곤 했다.
들켜서 혼날 걱정보단 어서 빨리 엄마처럼 어른이 되고 싶은 마음이었으리라.

내 모습을 닮아 가는 어린 딸도 거울 앞에서
어깨를 으쓱이던 어릴 적 나와 같은 마음이지 않을까.

아장아장 걷던 게 엊그제 같은데 어떤 날에는 이렇게 입으라며
엄마에게 스타일 조언까지 하는 모습에 기분이 묘하다.
바쁜 엄마 탓에 혼자 훌쩍 커 버린 것 같아 속상하기도 하지만,
스스로 할 수 있을 만큼 컸다는 생각에 눈물이 핑 돌 만큼 대견스럽다.

나의 조그마한 공주님

동생과 티격태격 싸우기도 하지만 동생이 없으면 제일 먼저 찾는 아이.
엄마의 스타일을 이해하고 엄마와 입었던 옷을 기억해 그대로 입는 아이.
먹기 싫은 약도 누군가 붙들고 무섭게 먹여 주기보단 스스로 예쁘게 먹겠다는 아이.
자신이 잘못한 일이라면 엄마든 아빠든 선생님이든 혼나는 것을 두려워하지 않는 아이.
약속은 언제나 지키려고 노력하는 아이.
친구들을 집으로 데리고 와서 즐겁게 놀 줄 아는 아이.
오랜 시간 외국에서 생활했지만 순수함이 그대로 묻어나는 아이.

그 아이는 바로 세상에 단 하나뿐인 소중한 나의 딸이다.

Prologue
엄마의 마음으로 준비하다

결혼한 지 어느덧 10주년이 되어 갑니다. 두 사람이 만나 가정을 꾸리고 사랑하는 아이들도 생겼습니다. 좌충우돌 초보엄마로 시작해 그동안 울고 웃었던 일들이 주마등처럼 머릿속에 스쳐 지나가네요. 엄마라는 존재는 아이가 아무 탈 없이 바르고 건강하게 자랄 수 있도록 내가 가진 모든 것을 쏟으며, 어떠한 상황에도 거리낌 없이 희생할 수 있는 사람입니다. 세상에서 가장 잘한 일은 두 아이를 낳은 것이라고 가장 먼저 이야기할 수 있는 저도 그런 '엄마'인가 봅니다.

이제는 한 남자의 아내, 아이들의 엄마가 더 익숙합니다.
미스코리아 이혜원보다 안정환의 아내 그리고 리원, 리환이의 엄마라는 호칭이 더 좋습니다.

이 책을 준비하는 동안 어느새 초등학교에 입학한 꼬마 숙녀 리원이는 키도, 마음도 훌쩍 자랐습니다. 마냥 어린아이인 줄만 알았는데 가끔씩 감동을 선사하는 어엿한 누나가 되었네요. 저 또한 리원이의 든든한 멘토이자, 리환이의 믿음직한 조력자로 엄마 노릇을 열심히 하고 있답니다. 아이와 함께 엄마도 자란다는 말을 절실히 느끼고 있는 요즘, 매일매일 하나님께 감사의 기도를 드립니다. 나의 아이들을 만나게 해 주셔서 감사하고, 친정 엄마의 딸로 태어나게 해 주셔서 감사하다고요. 엄마가 되어서야 엄마의 마음을 이해하게 되었습니다. 그래서 고맙고 더욱 미안합니다.

어렸을 때부터 패션 디자인에 관심이 많았던 저는 수많은 시행착오를 통해 어떻게 옷을 입어야 하는지, 컬러와 소재는 어떻게 골라야 하는지, 오랫동안 입을 수 있는 노하우를 몸소 익히게 되었습니다. 그 덕분에 저는 스타일 주관이 뚜렷한 편입니다. 저의 이러한 패션 감각은 결혼 후 남편과 아이들과도 함께 만들어 나가고 있습니다. 제 스타일을 좋게 봐 주신 분들이 있었기에 이 책이 나올 수 있었습니다. 어떠한 상황에서도 늘 응원해 주셨던 분들에게 지면을 통해 고마움을 전합니다.

그저 좋아하는 관심 분야였던 패션을 사업으로 발전시킬 수 있었던 것은 곁에서 묵묵히 지켜봐 준 남편의 사랑과 믿음 덕분이었습니다. 악성 댓글 등으로 가슴 아팠던 상처를 딛고 용기를 내어 시작한 의류 사업은 주변의 관심과 사랑으로 꾸준히 성장하였고, 이제는 코스메틱 브랜드 사업도 첫발을 디뎠습니다. 남편에게 받은 따뜻한 사랑만큼 따뜻한 시선을 주변에 전할 수 있었고, 그렇게 키워 온 키즈 패션 스토리를 책을 통해 말하고자 합니다. 이 책을 통해 결혼을 하고 아이를 키우면서 틈틈이 메모하며 공부한 키즈 스타일링을 많은 이들과 공유하고 싶습니다. 아이를 키우는 엄마들은 소소한 저의 이야기에 많은 부분 공감하시리라 생각하며, 이제 막 아기 엄마가 된 분들에게는 리원이와 리환이를 키우며 좌충우돌한 제 이야기가 조금이나마 도움이 되길 바랍니다.

고마움을 전하기에는 부족하지만 지금의 자리에 있을 수 있도록 도와준 남편과 부모님께 감사드립니다. 또 세상 무엇과도 바꿀 수 없는 사랑하는 리원, 리환에게도 엄마의 사랑을 전합니다. 이 책을 준비하면서 지난 10년간의 추억을 꺼낼 때마다 행복감에 미소 지을 수 있게 해 주신 많은 분께도 감사드리며, 더 좋은 책을 만들기 위해 옆에서 조언을 아끼지 않았던 이진언 님, 세심하게 편집해 준 최유리 님과 출판사 분들께도 감사한 마음을 전합니다. 늘 모든 것에 감사하며 살겠습니다.

이혜원

Contents

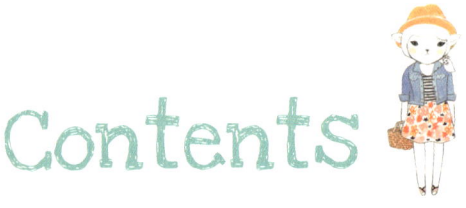

Prologue

엄마의 마음으로 준비하다 _018

Warming Up! 내 아이에게 꼭 맞는 스타일 찾기

1. 아이 패션의 시작, 체형 관찰부터! _028
2. 성향이 패션 스타일을 결정한다 _032

Part 1
스타일을 완성하는 37개 아이템

베이식 아이템

1. **무지 티셔츠** | 기본 중의 기본인 티셔츠 _038
2. **스트라이프 톱** | 어디에나 잘 어울리는 톱 _040
3. **튜닉 원피스** | 로맨틱함의 정수 _042
4. **청바지** | 패셔니스타의 빛나는 필수품 _044
5. **블레이저** | 단정한 스타일의 묘미 _046

트렌디 아이템

- 6. **니트 카디건** | 부드러운 카리스마 _048
- 7. **후드 점퍼** | 가장 편한 모두의 평상복 _050
- 8. **데님 재킷** | 발랄함의 상징 _052
- 9. **밀리터리 재킷** | 보이시함이 가득한 옷 _054
- 10. **라이더 재킷** | 터프하지만 사랑스러운 아이템 _056
- 11. **케이프** | 귀여운 빨간 모자 소녀 _058
- 12. **트렌치 코트** | 파리지앵 소녀의 잇 아이템 _060
- 13. **패딩 점퍼** | 겨울철 인기 만점 _062
- 14. **퍼 코트** | 보송보송 부드러운 코트 _064
- 15. **슬리브리스** | 활용도 만점의 민소매 톱 _066
- 16. **피케 셔츠** | 클래식한 에너지 _068
- 17. **체크 셔츠** | 식지 않는 셔츠의 인기 _070
- 18. **데님 셔츠** | 365일 변치 않는 셔츠 사랑 _072
- 19. **페미닌 블라우스** | 하늘거리는 사랑스러움 _074
- 20. **조끼** | 레이어링 필수 아이템 _076
- 21. **니트 풀오버** | 따뜻한 느낌이 전해 지는 톱 _078
- 22. **플레어 스커트** | 발랄하고 유쾌한 스타일링 _080
- 23. **셔츠형 원피스** | 클래식한 매력이 가득한 원피스 _082
- 24. **레이스 원피스** | 엄마들의 로망 _084
- 25. **쇼츠** | 경쾌한 봄의 왈츠 _086
- 26. **배기 팬츠** | 평범하지 않은 특별함 _088
- 27. **서스펜더 팬츠** | 말괄량이 소녀 같은 바지 _090
- 28. **점프슈트** | 골라 입는 재미의 아이템 _092

29. 스카프 | 천 가지 표정을 지닌 목도리 _094

30. 헤어 액세서리 | 머리 위에서 빛나는 패션 _096

31. 모자 | 머리 위의 취향 _098

32. 가방 | 내 아이의 잇 백 _100

33. 벨트 | 스타일을 업시켜 주는 힘 _102

34. 레깅스 | 아이들도 빠져 버린 따뜻한 매력 _104

35. 스니커즈 | 개구쟁이 같은 천진난만함 _106

36. 플랫 슈즈 | 사랑스러운 꼬마 숙녀의 필수품 _108

37. 부츠 | 따뜻하고 스타일리시한 신발 _110

Part 2
스타일리시한 아이로 만들어 주는 신기한 **소재 & 패턴**

센스 감각을 돋보이게 하는 소재
1. 코튼 | 부드러운 매력의 소재 _114
2. 울 | 클래식한 무드의 소재 _118
3. 니트 | 포근함을 지닌 소재 _122
4. 코듀로이 | 빈티지한 향수가 어린 소재 _126
5. 데님 | 스타일리시한 소재 _130
6. 퍼 | 화려한 만큼 아름다운 소재 _134

인상을 달라 보이게 하는 패턴
1. 도트 | 아이라서 더 예쁜 패턴 _138
2. 스트라이프 | 시크한 매력의 패턴 _142
3. 체크 | 개성이 강한 패턴 _146
4. 플로럴 | 여자아이를 위한 패턴 _150
5. 애니멀 | 조심조심 입어야 제맛인 패턴 _154
6. 페이즐리 | 에스닉 스타일의 대표 패턴 _158

Part 3
스타일맘 이혜원's 스타일링 스토리

1. **홈웨어 룩** | 집에서도 스타일을 유지해 _164
2. **레인 룩** | 비오는 날에도 예쁘게 코디해 _166
3. **파티 룩** | 사랑스러운 주인공으로 변신해 _168
4. **피크닉 룩** | 봄날의 소풍처럼 발랄해 _170
5. **프렌치 룩** | 파리지앵 감성처럼 시크해 _172
6. **보이 프렌드 룩** | 중성적인 매력이 가득해 _174
7. **커플 룩** | 다른 듯 같은 느낌을 연출해 _176
8. **격식 룩** | 세련된 에티켓으로 무장해 _178
9. **휴양지 룩** | 여름 나라의 추억을 잊지 못해 _180
10. **크리스마스 룩** | 반짝반짝 눈부시게 빛나서 즐거워 _182
11. **할로윈 룩** | 코스튬 의상으로 즐거움을 만끽해 _184

Part 4
스타일맘 이혜원's 스타일 **카운슬링**

1. 아이 옷 사이즈 선택, 너무 어려워요. _188
2. 언제쯤이면 아이 혼자 입고 벗을 수 있을까요? _190
3. 타이트한 스타킹과 레깅스가 정말 아이들에게 안 좋나요? _192
4. 우리 아이는 신발을 짝짝이로 신어서 걱정이에요! _194
5. 한 가지 물건에만 집착하는 아이, 이대로 둬둬도 괜찮을까요? _196
6. 마구 뒤엉켜 있는 옷장을 쉽고 빠르게 정리하는 노하우가 있나요? _198
7. 이혜원만의 알짜배기 쇼핑 노하우가 궁금해요! _200
8. 요즘은 유럽피언 스타일이 인기인데 어떻게 입혀야 할지 모르겠어요. _202
9. 내 아이에게 어울리는 컬러를 찾고 싶어요. _204
10. 옷 입힐 때 끝까지 고집부리는 아이, 어떻게 하면 좋을까요? _206
11. 계절마다 아이 옷을 사는데도 늘 입힐 만한 게 없어요. _208
12. 엄마의 옷을 따라 입으려는 아이 때문에 고민이에요. _210
13. 공부하기 싫어하는 아이를 어떻게 타일러야 할까요? _212
14. 아이와 외출을 하면 보채기 일쑤네요. 좋은 방법이 없을까요? _214
15. 리원이는 키가 큰데 특별한 노하우가 있나요? _216

★ 못다 한 이야기 | 행복한 우리 집 _218

WARMING UP!

내 아이에게 꼭 맞는 스타일 찾기

1. 아이 패션의 시작, 체형 관찰부터!

리원이의 키가 또래 아이들에 비해 크다는 사실은 유치원에 가서 처음 알게 되었다. 소아과 수첩에 있는 한국 소아 발육 곡선에는 평균 신장보다 컸지만 어느 정도 큰지 잘 몰랐다. 대개 엄마들은 유치원이나 놀이학교 같은 교육 시설에서 또래 친구들과 자연스럽게 비교하면서 알게 된다. 우리 아이가 키가 크고 마른 건지, 키가 크고 뚱뚱한지, 키가 작고 뚱뚱한지, 키가 작고 마른 건지 말이다. 브랜드 매장에서 아이 나이에 맞는 옷을 입혀 보는 것도 아이의 체형을 알아보는 또 다른 방법이다. 옷이 작거나 큰지에 따라 우리 아이의 체형을 판단하면 쉽다.

객관적인 엄마의 눈으로 아이 관찰하기

눈에 넣어도 안 아플 아이지만, 아이의 체형은 객관적으로 봐야 한다. 표준 체형에 관한 자료는 소아과나 인터넷에서도 쉽게 구할 수 있다. 백분율 표까지 따져 가며 쑥쑥 자라는 아이 키를 수치화해서 기억할 필요까진 없지만 내 아이가 또래에 비해 얼마나 큰지 작은지 정도를 이해하고 있으면 옷을 구입하거나 스타일링하기에 좋기 때문이다.

객관적인 기준을 가지고 아이의 체형을 관찰하면 미처 몰랐던 아이 체형의 단점들도 보이게 된다. 아이가 목이 짧은지, 다리가 긴지, 머리가 큰지 등 옷을 입히는 데 신경 써야 하는 부분을 누구보다 잘 알게 된다. 어떤 옷을 입히든 앙증맞고 귀여운 아이들이지만, 단점을 보완해서 입히면 아이 모델처럼 더욱 스타일리시하게 입힐 수 있다.

어려서부터 어떤 체형이 좋고 나쁘다는 기준은 없다. 하지만 평균에 비해 유난히 키가 작거나 몸무게가 많이 나간다면 속상해하기보단 지금부터라도 엄마가 관리를 해 주어야 한다. 예를 들면, 키가 작으면 칼슘을 보충해 주거나 체중이 많이 나가면 군것질과 과도하게 기름진 음식을 조금씩 줄여 가는 등 사소한 것부터 아이의 미래를 생각해 엄마가 먼저 노력해야 한다.

아이의 바른 체형은 엄마의 몫

아이가 점점 자라면서부터는 노는 것보다 이것저것 배우러 다니는 시간이 늘어난다. 그러다 보면 아이 혼자서 컴퓨터를 사용하거나 책상에서 공부를 하는 시간이 길어지면서 자연스레 구부정한 자세로 굳을 수 있다.

나는 리원이에게 자세 습관에 대해 꾸준히 이야기해 주는 편이다. 무릎을 꿇고 양다리를 바깥 쪽으로 빼서 앉는 자세가 척추나 다리 모양에 안 좋은데도 불구하고 언젠가부터 리원이도 여느 아이들처럼 구부정하게 앉는 버릇이 생겼다. 그래서 "예쁜 다리!" 하고 말하면서 다리를 쫙 펴고 앉게 하다 보니 지금까지 좋은 습관이 되어 자세 교정 효과를 톡톡히 보고 있다. 리원이의 자세가 바르다는 이야기를 자주 듣는데 아마도 꾸준히 관심을 가진 덕분인 것 같다.

언젠가 리원이가 "엄마, 저 할머니는 왜 허리가 누워 있어요?" 하는 귀여운 질문을 해서 사람은 누구나 나이가 들면 그렇게 되는 거라고 일러주면서 자세를 바르게 해야 한다는 이야기를 덧붙여 주었더니 더욱더 바른 자세에 신경을 쓰기 시작했다. 지금은 허리와 다리를 꼿꼿이 들고, 공부를 할 때도 책상에 바른 자세로 앉는다. 또 높은 베개보다 낮은 베개가 좋다는 말을 듣고 낮은 베개를 사용하기도 한다.

선천적으로 타고난 체형이 있긴 하지만 엄마의 노력에 의해 만들어지는 경우도 있다. 아무리 체형이 예쁠지라도 한 번 나쁜 자세가 굳어지면 건강은 물론 성장에도 무리가 있을 수 있기 때문에 아이 체형은 부모가 어떻게 관리하느냐에 달린 셈이다. 그러니 엄마의 관심과 노력 여부가 아이의 건강과 패션 센스에도 영향을 끼친다는 사실을 꼭 기억해 두자.

스타일맘 이혜원의 코칭 Tip

곧고 바른 자세 만들기

앉을 때

앉은키에 알맞은 책상 높이가 중요하다. 너무 높거나 낮은 책상은 목에 무리를 주기 때문에 적합하지 않다. 이럴 경우 의자의 높이를 올리고 발받침을 놓아 주는 방법을 추천한다. 또 가능하다면 바퀴가 없고 회전되지 않는 고정형 의자를 고르는 것이 좋다.

잠을 잘 때

자는 동안까지 억지로 자세를 잡는 것은 오히려 숙면을 방해한다. 이럴 땐 베개 높이만 조절해도 자세를 교정할 수 있다. 바닥에서 5cm 정도의 높이를 유지하며 적당한 쿠션감이 있는 제품으로 선택하자.

2. 성향이 패션 스타일을 결정한다

패션이야말로 성향을 가장 잘 보여 주는 매체가 아닐까. 사람은 누구나 어려서부터 타고난 개성을 가지고 있다. 성향이 똑같은 사람을 만나기란 쉽지 않다. 아이들도 마찬가지라 둘 혹은 셋을 키우는 엄마들은 '한 뱃속에서 태어났는데도 형제 자매의 성격이 다르다'라는 이야기를 종종 한다. 육아 전문가들도 육아법부터 놀이, 여행, 교육과 인테리어까지 아이 성향에 맞춰 각기 다른 방식으로 키우는 것이 좋다고 말한다. 하지만 아무리 아이를 유심히 관찰하고 사랑으로 키워도 성향을 파악하는 것은 무척 어렵다. 나 역시 두 아이를 키우면서 아리송했던 적이 한두 번이 아니다. 둘은 비슷하면서도 정말 다르다. 약간 소극적인 것 같은 리원이는 큰 틀을 먼저 보는 반면에, 리환이는 무척 적극적인 것 같지만 소소한 부분을 먼저 익힌다. 그래서 나는 두 아이를 두고 이렇게 말한다. "나무보다 숲을 먼저 보는 리원이와, 숲보다 세세한 나무를 먼저 보는 리환이"라고 말이다.

성향 파악으로 아이에게 조금 더 다가가다

최근 지인을 통해 알게 된 다중지능교육연구소의 지문 적성 검사를 했는데 아이들의 선천적 성향과 진로를 파악할 수 있는 좋은 기회였다. 말 그대로 지문을 통해 아이의 성향을 파악하는 검사인데, 기대 반 걱정 반의 마음으로 가족 모두 함께 가서 상담을 받아 보니 매우 과학적이면서 논리적인 검사법이었다. 게다가 매일 보는 나조차도 몰랐던 아이들의 내면 이야기를 알 수 있어 매우 신선한 경험이었다.

내심 리원이는 예체능과 관련한 재능이 있으면 좋겠다고 바랐는데 지문 적성 검사의 결과는 뜻밖이었다. 결과는 국제 변호사나 정치인 같은 전문적인 분야가 나온 것이다. 둘째 리환이는 반대로 감성적인 분야로 진로를 결정하는 게 좋다는 결과가 나왔다.

리원이가 내성적이고 차분한 성격인 줄 알았는데, 내면에는 적극적이고 진취적인 성향이 있었다니! 그래서 아침마다 리원이가 청바지를 입겠다고 이야기를 했나 보다. 차분한 성격의 여자아이라면 으레 치마를 입으라는 엄마의 말이 없어도 알아서 치마를 입었을 텐데 말이다. 이런 사소한 부분에서 아이의 숨겨진 성향이 드러날 수 있다니, 이 검사를 하길 잘했다는 생각이 들었다. 아이의 잠재된 성향을 알고 나니 후천적인 교육의 중요성을 다시 한 번 깨닫게 되었다.

그 동안 나는 리원이를 소극적인 아이로 생각하고 적극성을 강요하지 않았다. 아직 어려서 그렇겠거니 생각했는데, 내 아이의 숨겨진 면을 계속 몰랐다면 좀 더 큰 뒤 나타나는 적극적인 아이의 모습에 놀랐을 것이다. 다행스러운 것은 이 검사를 통해 부모의 방식에 맞춰 일방통행으로 아이를 양육하는 것이 아니라, 아이의 숨겨진 지식과 재능을 이해하고 아이의 눈높이에서 효율적으로 양육하는 방법을 터득하게 되었다는 것이다.

이제는 식당에서 떨어진 포크를 내가 주워 주지 않고도 딸 아이가 직접 종업원에게 상황을 설명하고 요구할 수 있도록 교육하고 있다. 지문 적성 검사 덕분에 미처 몰랐던 수많은 부분이 이해되면서 아이와의 사이가 더욱 돈독해졌다.

 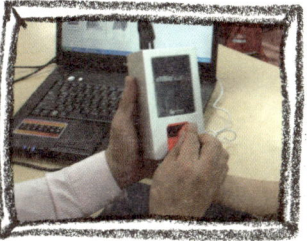

지문 적성 검사란? 지문을 통해 아이의 숨겨진 재능과 성향을 파악하는 검사. 일반적으로 지문은 태내에서 13~19주경에 만들어지고 발육되는데, 태아의 뇌 발달 상태를 그대로 반영하여 형성된다고 알려져 있다.

성향마다 다른 코디네이션으로 입히기

중국에서 국제학교를 다니다가 한국에서 다시 교육을 받는 리원이는 요즘 아침마다 가장 많이 하는 말이 "청바지 입으면 안 돼요?"이다. 중국 국제학교와 달리 교복이 없기 때문에 아침마다 옷을 챙겨 주는데, 리원이는 청바지를 활용한 편한 스타일을 좋아한다. 활동적인 아이라서 그런 것도 있지만 아이의 숨겨진 성향도 옷을 선택하는 데 영향을 미친다. 그래서 아이들의 성향을 알고 있으면 아이와 옷 때문에 실랑이를 하는 일이 줄어든다. 옷은 마음가짐이나 행동에도 영향을 주기 때문에 옷 선택 시 아이의 성향을 반영하는 것도 좋은 방법이다.

아이의 성향은 여러 가지가 있다. 크게 소극적, 적극적, 활발, 조용, 산만 등 여러 가지로 나뉜다. 전문적인 검사를 통해 아이의 성향을 파악하면 아이에 대해 미리 알 수 있어 좋지만, 그렇지 않을 경우 아이의 표면적인 부분을 잘 관찰하여 성향을 파악할 수 있다. 전문기관에서 간략하게 공개하는 다양한 성향 검사가 있으니 찾아보는 것도 좋다. 하지만 전문적인 개인 검사가 아닌 경우에는 검사 결과를 너무 맹신하지 말아야 한다.

때로는 차분한 아이에게 발랄한 스타일을, 활발한 아이에게 점잖은 스타일을 코디해 주어 옷으로 아이의 다른 성향을 채워 주자. 아이가 원한다고 매일 비슷한 스타일로만 입히기보다 다른 성향의 스타일에 아이가 좋아하는 색상을 선택하여 코디해 주면 아이도 큰 거부감 없이 입을 것이다. 또한 아이들의 성향은 커 갈수록 바뀐다. 고집이 세고, 울음이 많은 아이도 엄마의 대처법에 따라 다른 성향의 어린이로 자랄 수 있다. 아이가 좋지 않은 성향을 가지고 있다고 해서 엄마가 민감하게 받아들이면 안 된다. 누구보다 엄마가 아이의 성향을 이해하고 지지해 주면 아이 스스로 조금씩 다른 성향으로 돌아서게 될 테니까 말이다.

아무리 바빠도 아이의 작은 변화에 호응해 주고 여유 있게 아이를 기다려 줄 수 있는 내 아이만의 스타일리스트가 되어 보자.

이제 패션 스타일도 아이의 경쟁력이다. 패셔너블한 아이는 어느 곳에서나 빛을 발하기 때문에 절대 소홀히 하면 안 된다. 앞에서 내 아이에게 딱 맞는 스타일이 무엇인지 알게 되었다면, 이제부턴 반드시 갖추어 할 37개의 베이식 & 트렌디 아이템으로 아이 스타일의 기본기를 다져 보자.

Part 1
스타일을 완성하는 37개 아이템

01 | 무지 티셔츠
Solid T-Shirt

기본 중의 기본인 티셔츠

가장 기본적인 것이 가장 아름답다. 무지 티셔츠는 화려한 프린트의 티셔츠보다 활용하기가 수월해 많은 이들이 좋아하는 아이템이자 레이어링 필수품이다. 나는 리원이에게 니트 원피스를 입힐 때에는 이너웨어로 베이지 색상의 무지 티셔츠를 선택하는데, 가격이 저렴할 뿐만 아니라 아이들의 옷차림에 빠트리지 않을 정도로 활용하기에 그만이다.

CODINATION

Basic

심플한 모노 톤의 티셔츠는
자연스러운 이지 룩을
연출하기에 GOOD!

라운드 형태의 티셔츠와
살짝 파인 V라인의
티셔츠는 환상의 궁합이다.

무릎 위로 올라오는
니 삭스로 허전함을
달래자.

별다른 액세서리 없이
모직 롱 머플러로
포인트만 살릴 것.

안에는 어두운 컬러의 긴팔 티셔츠, 위에는
밝은 컬러의 반팔 롱 티셔츠로 레이어링한다.

각기 다른 2장의 티셔츠를 걸치고
여기에 질감이 좋은 면 바지를 매치한다.

 **우리 아이에게 잘 어울리는 티셔츠 선택하기**

❶ 자신만의 스타일로 구입을 하더라도 네크라인이 쉽게 늘어나는 티셔츠는 피하자. 아이들은 어른과 달라서 쉽게 입고 벗을 수 있으면서도 잘 늘어나지 않는 것이 중요하다.

❷ 아이 체형이나 얼굴 형태를 보고 네크라인의 모양을 선택하자. 동그란 얼굴형에는 브이넥, 길쭉한 얼굴형에는 라운드넥이 잘 어울린다.

02 스트라이프 톱
Stripe Top

어디에나 잘 어울리는 톱

핑크 스트라이프 톱을 입고 엄마를 도와주겠다며 웃고 있는 사진 속 리원이의 모습처럼, 이제는 작아서 못 입는 아이의 옷을 볼 때면 '언제 이렇게 컸지' 하는 생각과 함께 행복했던 당시의 추억들이 떠오른다. 아이들의 옷은 저마다의 추억을 지니고 있어 더욱 애틋한데, 그중에서도 특히 패턴이 가미된 옷은 짙은 향기처럼 추억을 생생하게 전달해 준다.

CODINATION

Basic

데님 쇼츠는 스트라이프 티셔츠와 매치했을 때 가장 예쁘다.

헐렁하게 내려 신은 앵클 삭스에 샌들을 매치하면 사랑스러워 보인다.

스카프는 턱 끝에 살짝 닿는 정도로 느슨하게 두르는 것이 보기 좋다.

블라우스 위에 스트라이프 톱을 입은 후 9부 길이의 크롭 재킷을 걸치면 프리티 걸로 변신할 수 있다.

스트라이프 톱 위에 술이 달린 스카프를 매치해 시선을 분산시키고 톤 다운된 팬츠로 코디네이션한다.

 **Style Tip**

굵기와 방향, 컬러에 따라 느낌이 다른 스트라이프 입기

❶ 좁은 간격은 세련되고 발랄한 인상을 주며 넓은 간격은 편안하고 따스해 보인다. 활동적인 아이는 세로 패턴이 잘 어울리는 반면, 차분한 아이는 가로 패턴이 잘 어울린다.

❷ 컬러는 가능하면 명도의 차이를 두고 두세 가지 컬러의 티셔츠를 선택하는 것이 좋다.

03 튜닉 원피스
Tunic Dress

로맨틱함의 정수

봄과 여름의 중간 그리고 여름과 가을 사이의 시즌에는 옷 입기가 어중간하다. 긴 소매를 입히면 이마에 금세 땀이 송글송글 맺히고, 짧은 소매를 입히자니 온도 차로 인해 아이가 감기에 걸릴까봐 걱정되니 말이다. 그럴 때 리원이에게 가장 많이 입히는 옷이 튜닉 원피스이다. 한여름에는 이것만 입어도 드레시하며 쇼츠나 스키니 진, 레깅스와도 잘 어울린다.

CODINATION

Basic

질감이 좋은 면 레깅스로 마무리할 것!

깜찍한 퍼프 소매가 달린 셔츠 위에 입어야 밋밋한 느낌을 줄일 수 있다.

평범한 튜닉 원피스보다 패턴이 가미된 디자인을 선택하자.

귀여운 크로스 백을 활용하자.

앙증맞은 퍼프 소매가 달린 체크 셔츠 위에 겹쳐 입으면 사랑스러운 소녀 무드를 연출할 수 있다.

상체가 긴 체형의 아이라면 다리가 길어 보이게끔 9부 길이의 블라우스와 함께 코디한다.

 **Style Tip** — **비치웨어로도 활용하기**
로맨틱한 분위기의 휴양지와도 잘 어울리는 튜닉 원피스는 수영복 위에 겹쳐 입거나 볼레로와 함께 입으면 리조트 룩으로 손색이 없다.

04 | 청바지
Jeans

패셔니스타의 빛나는 필수품

아장아장 걸을 때부터 입기 시작한 청바지는 리원이가 즐겨 입는 아이템이다. 때와 장소에 맞춰 다양하게 코디할 수 있어서 청바지를 좋아하는 사람이 많다. 아이 패션에서도 마찬가지다. 캐주얼하거나 포멀하거나, 심플하거나 스포티하는 등 청바지야말로 다양한 연출과 디테일한 스타일링이 가능한 매력 덩어리다. 단, 복잡한 디자인의 청바지는 스타일을 해치는 워스트 아이템이니 베이식한 스탠더드 진을 선택하자.

CODINATION

Basic

상의까지 데님으로 맞추는 오류만은 범하지 말 것!

가슴에 셔링이 잡힌 로맨틱 스타일의 원피스가 제격이다.

평범한 청바지가 싫다면, 스톤 워싱이 가미된 스노우 진을 고르자.

신발은 편안한 옥스퍼드화로 마무리하자.

편안하고 자연스러운 스타일을 좋아하는 아이는 스키니 진에 캐주얼한 티셔츠, 카디건과 함께 입는다.

밑단을 접은 청바지 위에 리넨 소재의 원피스를 겹쳐 입으면 사랑스러운 분위기를 연출할 수 있다.

 **청바지 신중하게 선택하기**

❶ 체형에 완벽하게 어울리는 청바지를 고르자. 하체가 통통한 아이는 밑단으로 갈수록 퍼지는 벨 보텀$^{Bell\,bottom}$ 진, 하체가 마른 아이는 스키니 진이나 스트레이트 진이 어울린다.

❷ 스티치 컬러를 체크하자. 스티치 컬러와 비슷한 색상의 신발을 신으면 키가 커 보이는 효과가 있다.

❸ 아토피나 피부 질환이 있다면 오가닉 면으로 된 청바지를 선택하자.

05 | 블레이저
Blazer

단정한 스타일의 묘미

아이들은 블레이저를 입으면 자신이 어른스러워진다고 생각한다. 엄마처럼 어서 어른이 되고 싶어서 그런 것이리라. 결혼식 등 가족 모임이 있을 때에는 어른스러운 분위기의 블레이저를 슬쩍 입히면 아이는 재킷 하나만으로도 득의양양할 것이다. 마치 엄마 구두를 신어서 혼났던 기억보다는 구두를 신었을 때의 그 짜릿함을 기억하는 우리들처럼…….

CODINATION

Basic

격식 있는 자리에선 앙증맞은 보타이로 힘을 줄 것!

쌀쌀한 간절기에는 모노 톤 계열의 치노 팬츠를 매치하면 근사하다.

베레 또는 페도라 모자는 발랄한 느낌을 한층 살려 주는 기특한 아이템이다.

발랄한 스트랩 슈즈를 곁들이자.

활동적인 아이는 깔끔한 셔츠와 함께 무릎 기장의 여유 있는 팬츠를 입혀 캐주얼하게 코디한다.

더블 버튼 장식의 블레이저는 시폰 스커트와 매치하면 한결 사랑스러운 분위기를 낼 수 있다.

 **무한 활용이 가능한 기특한 아이템, 블레이저 입기**

패치 포켓과 와펜 장식, 금장 단추가 달린 이 아이템은 일반 재킷보다 훨씬 가벼워 아이들이 입고 벗기에 편한 데다가 스타일도 정형화되어 있지 않아 아무리 난해한 차림일지라도 너끈히 소화할 수 있다. 혹시 봄, 가을 간절기마다 옷장 앞에서 고민하는 엄마들이 있다면 블레이저를 적극 추천한다.

06 | 니트 카디건
Knit Cardigan

부드러운 카리스마

창가를 비추는 햇살이 따스한 봄과 여름, 가을, 온 세상을 하얗게 만드는 겨울에도 아이들의 몸을 부드럽게 감싸주는 니트 소재의 옷 중에서 나는 카디건을 제일 좋아한다. 이 아이템은 일교차가 심한 환절기에 여러모로 활용도가 높으며, 편안한 기본 티셔츠에 그레이 니트 카디건만 걸쳐도 둘째 아이 리환이는 동화속 왕자님처럼 멋있다는 칭찬을 듣게 해서 엄마로서 기분이 좋다.

CODINATION

Trendy

벨트는 살짝 꼬아 맨 듯 연출해야 예쁘다.

술이 달린 슬라우치(SLOUCH) 붐븐는 니트 카디건과 잘 어울리는 아이템이다.

보온성이 강조된 숏츠와 입으면 겨울 코디네이션 완성!

한겨울에는 퍼 소재의 부츠가 제격이다.

롱 카디건은 체크 원피스 위에 꽈배기 목도리를 두른 후, 얇은 가죽 벨트로 마무리한다.

노르딕풍의 카디건은 비슷한 색상의 이너웨어와 모자, 털 장갑으로 포인트를 살리면 무척 예쁘다.

 **스타일링의 관건은 카디건 여미기**

단추를 채워서 카디건을 여미는 방법은 너무 평범하다. 이제부터는 새로운 방식의 여밈법을 익혀 보자. 준비물은 간단하다. 예쁜 새틴 테이프나 옷장 속에서 발견한 얇은 브로치, 벨트 정도면 된다. 테이프를 이용해 리본으로 묶거나 카디건을 머플러처럼 목에 두른 후 브로치로 고정시키면 완성!.

049

07 후드 점퍼
Hood Jumper

가장 편한 모두의 평상복

활동량이 많은 아이들에게 특히 좋은 후드 점퍼는 별다른 스타일링법 없이도 아이와 엄마 모두 손쉽게 매치할 수 있다. 가장 대표적인 스타일이 트레이닝 복으로, 위아래가 나뉜 단품부터 세트까지 종류도 다양하다. 그러나 세트로 입을 시에는 격식 있는 자리에 어울리지 않으니 주의해야 한다. 반대로 후드 점퍼만 입을 땐 스포티하게 연출하기 좋다.

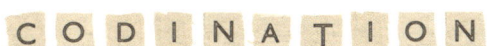

CODINATION

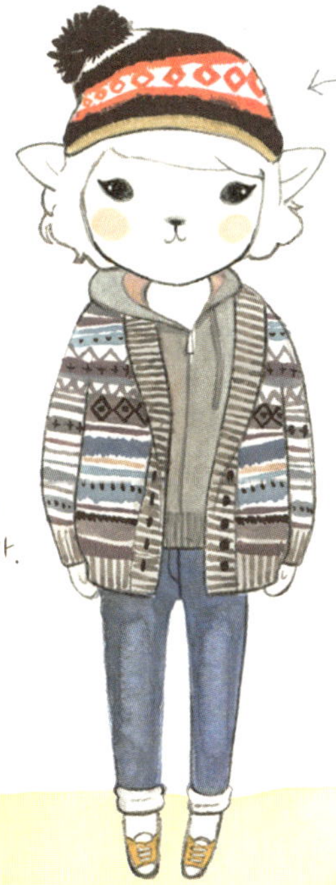

컨트리풍의 니트 모자로
캐주얼한 무드를 살리는
것이 포인트!
풍성한 실루엣의
카디건으로 고르자.

단색의 후드 점퍼는 홈웨어 인상을 줄 수 있으니
패턴이 가미된 카디건을 겹쳐 입는다.

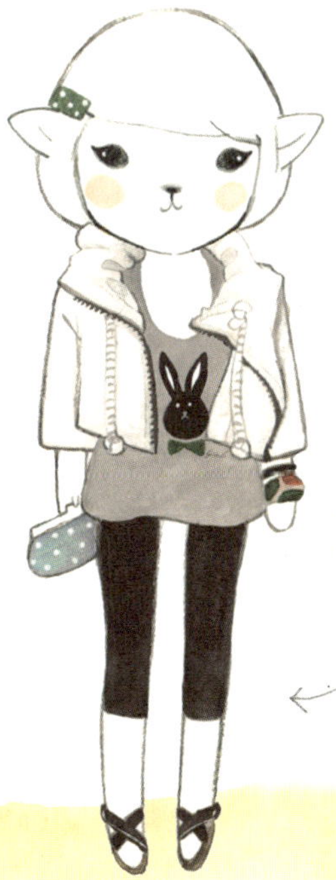

되도록이면 심플한 저지 소재의
슬리브리스를 이너웨어로 매치하자.
신축성이 좋은
저지 팬츠가 GOOD!

야외 활동 룩으로 손색이 없는 아노락Anorak 점퍼는
면 소재의 라운드 티셔츠와 팬츠로 연출한다.

Style Tip

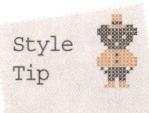

트레이닝 복으로 스포티하게 연출하기

트레이닝 복은 후드 점퍼를 가장 스포티하게 입을 수 있는 방법이다. 외출복으로 트레이닝 복을 입힌다면 헌팅 캡 모자나 운동화의 컬러까지 비슷한 톤으로 맞춰야 패셔너블해 보인다.

08 데님 재킷
Denim Jacket

발랄함의 상징

파릇파릇한 새싹이 돋아나는 봄에는 벚꽃놀이나 놀이공원 같은 가족 나들이가 많아진다. 신나게 뛰어노는 아이들은 덥다며 자꾸 옷을 벗지만 일교차가 큰 계절이기 때문에 자칫하면 감기에 걸릴 수 있다. 이럴 땐 데님 재킷으로 고민을 해결하자. 적당히 따뜻하면서도 아이들이 활동하는 데 무리가 없는 키 아이템이니 말이다.

CODINATION

Trendy

누구나 하나쯤 소장하고 있는 기본 스타일의 데님 재킷이 가장 잘 어울린다.

페도라는 살짝 얹은 듯 연출할 것!

데님 재킷은 소매 끝을 접는 것이 포인트다.

무릎 위로 올라오는 점프슈트는 발랄함이 물씬 풍긴다.

재킷을 색다르게 연출하고 싶다면 체크 패턴의 점프슈트와 함께 입는다.

짧은 7부 기장의 데님 재킷은 스포티한 톱에 플레어 스커트를 더하면 사랑스러운 룩이 완성된다.

 **아무리 좋아도 '진진 패션'은 NO!**

상·하의를 모두 데님으로 입는 '진진 패션'이 유행할지라도 무작정 따라하다간 어설픈 패션 감각만 드러낼 뿐이다. 가급적이면 동일한 소재의 아이템을 함께 입는 것은 피하거나 상·하의 톤의 차이가 선명하게 대비되는 룩으로 레이어링해야 한다.

09 밀리터리 재킷

Military Jacket

보이시함이 가득한 옷

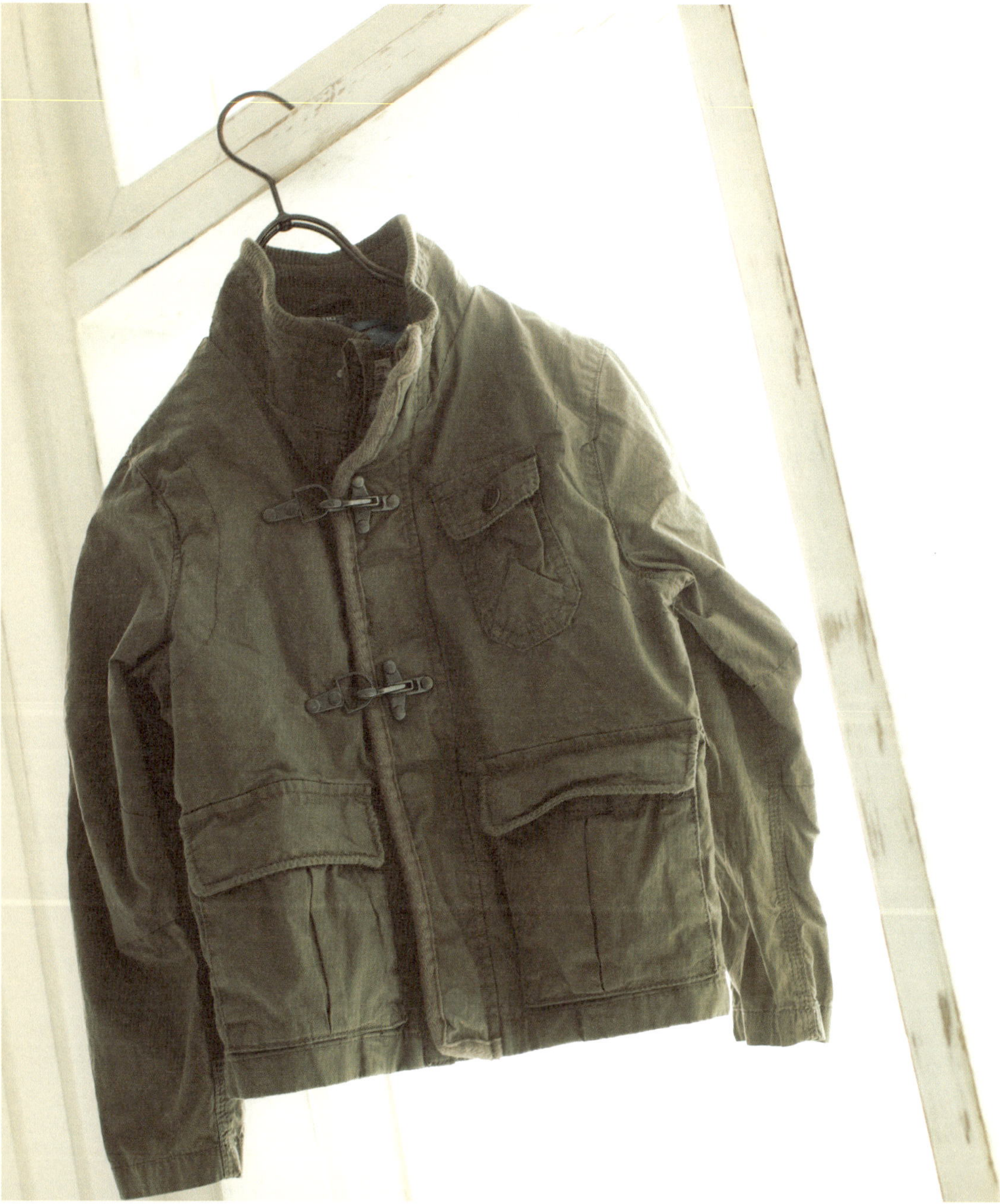

일명 '야상'이라고 불리는 밀리터리 재킷은 최근에 여자아이들까지도 활용할 만큼 큰 인기를 끌고 있다. 이 아이템의 특징은 터프한 디자인임에도 불구하고 다른 아이템과 섞으면 묘하게 귀엽거나 사랑스러워진다는 것이다. 스타일링할 때에는 밀리터리 재킷이 지니고 있는 보이시한 요소에만 초점을 맞추지 말자. 여자아이의 특권인 원피스나 스커트와도 무척 잘 어울린다.

CODINATION

Trendy

소매 끝은 한 번 접어 올려
활동성을 강조할 것!

이너웨이는
보이넥 티셔츠가
가장 잘 어울린다.

스카프를 반으로 접어
느슨하게 앞으로 걸쳐야
예쁘다.

너무 밝거나 어두운 색상의
가방은 자칫 칙칙해 보일 수 있으니,
컬러 선택에 신경을 쓰자.

칼라가 없는 밀리터리 재킷은 블랙 팬츠로
심플함을 살리되 에지있는 소품으로 포인트를 준다.

아메리칸 스타일처럼 캐주얼하게 연출하고 싶다면
스카프와 부츠를 적극 활용한다.

 **밀리터리 재킷의 핵심은 '여성스러움을 잃지 않기'**

여자아이 특유의 걸리시함을 어필하기 위해선 액세서리를 활용하자. 에스닉한 프린트의 스카프를 두 번 감아 걸치면 빈티지 룩으로도 손색이 없다. 또 글래디에이터 슈즈와 색색의 끈 팔찌를 더하면 귀여운 히피 소녀로 변신할 수 있다. 그래도 어렵다면 패션 피플들의 밀리터리 룩을 통해서 스타일링에 대한 힌트를 얻는 것도 방법이다.

라이더 재킷
Rider Jacket

터프하지만 사랑스러운 아이템

요즘에는 어른 못지않게 감각적인 아이 옷이 많다. 라이더 재킷도 그 중 하나인데, 옷차림이 심심해 보일 때 재킷을 걸치면 굉장히 패셔너블해진다. 특히 귀여움이 물씬 풍기는 플로럴 패턴의 원피스 위에 모던한 라이더 재킷을 매치하면 여자아이 특유의 발랄함을 드러낼 수 있다. 이와 반대로 록 무드가 느껴지는 이너웨어와 함께하면 중성적인 분위기를 표현할 수 있다.

CODINATION

라이더 재킷은 배꼽 아래 정도로 오는 기장을 고를 것!

재미있는 프런트가 새겨진 티셔츠가 스타일링의 포인트!

레깅스는 민무늬보다는 패턴이 가미된 것으로 선택한다.

보이시한 느낌의 바이커 재킷은 그래피티 티셔츠와 레깅스를 신어 멋스럽게 연출한다.

헌팅 캡 모자를 선택하자.

가죽 소재의 벨트나 프런지장식의 앵클부츠와 같이 매치하자.

짧은 기장의 라이더 재킷을 여성스러운 롱 원피스와 매치하면 페미닌한 요조숙녀 룩이 완성된다.

Trendy

 **Style Tip**

가죽 소재의 라이더 재킷 고르기

가죽 소재는 가격이 비싸기 때문에 한 번 구입할 때 신중히 따져 보아야 한다.

❶ 가죽 본연의 냄새가 아닌, 악취가 풍긴다면 이것은 좋지 않은 소재를 뜻한다.
❷ 색상이 얼룩진 부분이 있는지 쉽게 알아보려면 비스듬하게 놓아 햇빛에 비춰 보자.
❸ 촉감이 부드럽고 탄력이 있는 것을 선택해야 하며 팔꿈치 부분이 하자가 없는지 확인하자.

11 | 케이프
Cape

귀여운 빨간 모자 소녀

빨간색의 케이프를 입고 손에는 바구니를 든 동화 〈빨간 모자〉의 주인공처럼 케이프는 배가 볼록 나온 꼬꼬마 아이부터 이제는 숙녀 티가 나는 6~7세 아이들까지 잘 어울린다. 우리 아이에게도 앙증맞은 케이프를 입히고 싶다면 겨울보다는 가을에, 너무 두꺼운 소재보다는 적당한 두께감의 가벼운 소재로 고르자. 외투 위에 입어도 거치적거리지 않아 아이가 무척 좋아할 것이다.

CODINATION

각이 잡힌 형태의 캡 모자를 활용할 것!

컬러 블로킹된 스타킹은 스타일에 재미를 더해 준다.

롱 케이프는 A라인의 형태가 GOOD!

일자로 떨어지는 치노 팬츠를 코디해 길어 보이는 효과까지 노리자.

추운 날씨엔 넥워머나 퍼 목도리를 목에 두르고, 예쁜 장갑이나 스타킹을 더해 코디한다.

로퍼와 베레를 추가하면 프랑스 그림책에서 튀어나온 귀여운 파리지앵으로 변신 완료!

Trendy

케이프를 멋스럽게 입기

아이답지 않게 무릎 아래까지 길게 내려오거나 무거운 케이프는 실루엣을 망가뜨린다. 엉덩이를 살짝 덮는 정도가 적당하며 어느 정도 두께감이 있어야 형태가 살아난다. 액세서리는 하나만 살리는 '원 포인트'로 앙증맞은 벙어리 장갑이나 귀마개 모자 정도로만 연출하자.

12 | 트렌치 코트
Trench Coat

파리지앵 소녀의 잇 아이템

'코트' 하면 가장 먼저 떠오르는 아이템이 바로 트렌치 코트이다. 리원이가 어렸을 때 이탈리아 아웃렛에서 저렴하게 구입한 트렌치 코트는 허리를 묶는 무난한 스타일이지만, 이너웨어를 잘 갖춰 입으면 맵시 있어 보인다. 심플하고 베이식한 것이 매력인 트렌치 코트는 다른 소품이 없어도 스타일리시해 보이는 장점이 있다. 더구나 엄마와 함께 입기에도 좋아 컬러감만 달리해 매치하면 아이템 하나만으로도 훌륭한 커플 룩이 된다.

CODINATION

Trendy

트렌치 코트의 칼라는 목을 따뜻하게 보호할 수 있는 울 소재를 선택할 것!

트렌치 코트는 여미지 않고 입어야 제 맛이다.

청바지형 레깅스로 심플하게 연출하자.

멋밋한 허리에는 로프 벨트로 에지를 더할 것!

패턴이 가미된 트렌치 코트는 깔끔한 셔츠와 청바지로 마무리하는 것이 가장 예쁘다.

위트 있는 프린트의 티셔츠와 함께 입자. 심심하게 느껴지면 끈이 달린 벨트로 재미를 살린다.

 **트렌치 코트를 고르는 4가지 수칙 기억하기**

❶ 오랫동안 입을 수 있도록 안감이나 작은 디테일 부분까지 꼼꼼히 확인한다.

❷ 코트의 길이는 무릎을 넘지 말 것! 아무리 훌륭한 디자인이라고 해도 길이가 길면 전체 밸런스가 안 맞는다.

❸ 뒤 트임이 있는 스타일이 활동하는 데 편안하다.

❹ 첫번째 단추를 채웠을 때 구김이 생기는 제품은 피한다.

13 패딩 점퍼
Padding Jumper

겨울철 인기 만점

찬바람이 부는 추운 겨울이면 어김없이 찾게 되는 따뜻한 패딩 점퍼는 두툼한 모양 탓에 쉽사리 마음이 가지 않았다. 그러던 중, 프랑스에서 만난 꼬마 아이의 패딩 점퍼에 반해 나도 따라서 구입한 적이 있다. 그 아이는 그레이 롱 패딩 점퍼에 풀오버를 입고 비슷한 컬러의 니트 모자를 쓰고 있었는데 그날 이후 패딩에 대한 나의 선입견이 바뀌게 되었다.

CODINATION

허전한 목에는 부드러운 울 소재의 머플러를 둘러 줄 것!

풍성한 볼륨감이 느껴지는 실루엣에 후드가 달린 제품을 선택하자.

추운 겨울철에는 따뜻함을 돌여 줄 롱 부츠가 제격이다.

스트라이프 패턴의 타이츠로 포인트를 더하자.

하늘거리는 로맨틱한 원피스는 사파리풍의 패딩 점퍼와 잘 어울리는 스타일링이다.

맨투맨 티셔츠와 함께 최근 각광받고 있는 멀티 패턴의 타이츠와 믹스 앤 매치한다.

Trendy

 **패딩 점퍼의 생명, 충전재 고르기**

Style Tip

패딩 점퍼는 충전재의 종류에 따라 가격이 천차만별이다. 거위나 오리털이 부담스럽다면 가격이 저렴하면서 보온성도 높은 웰론Wellon 솜을 사용한 제품이나 안감이 벨보아Velboa 소재로 된 상품을 선택하면 된다.

 | # 퍼 코트
Fur Coat

보송보송 부드러운 코트

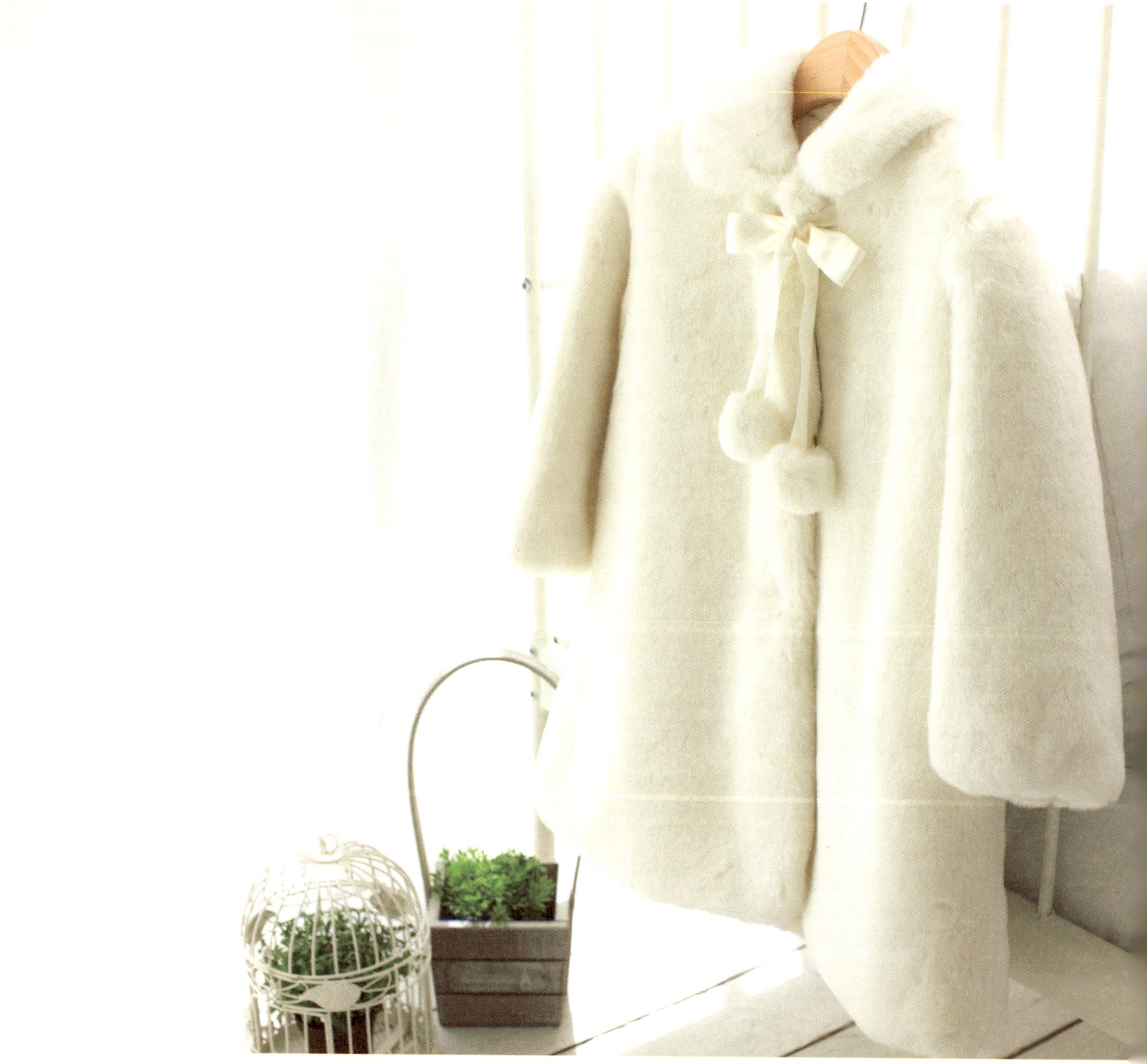

그동안 '퍼' 하면 TV 드라마 속 사모님의 어깨에 사뿐히 걸친 이미지가 연상될 정도로 가히 범접할 수 없는 아이템이었다. 그러나 최근 들어서는 어른, 아이 가릴 것 없이 전대미문의 러브 콜이 줄을 잇고 있으며 그 인기는 앞으로도 사그라들지 않을 것이다. 혹한에 장사 없듯이 퍼 코트의 보온성을 따라올 아이템이 없기 때문에 사모님 스타일의 오버 사이즈보다는 좀 더 아이다운 사랑스러운 디자인을 선택하자.

CODINATION

퍼가 여러 번 압축된
에비에이터 코트는 굉장히
스타일리시해 보인다.

퍼 트리밍 코트는 가능하면
적은 범위에 달려 있는 것을
고를 것!

심플한 라인의 라이딩 부츠가
제격이다.

별륜 스타일의
페그톱 스커트를 매치하자.

발랄하게 연출하려면 롱 카디건과 레깅스,
머플러로 보헤미안 스타일을 완성하면 된다.

중요한 자리에 함께 간다면, 퍼 트리밍 코트 안에
시폰 블라우스를 입혀 스타일 지수를 높인다.

혹시 퍼 코트가 부담스럽다면?!

아이에게 퍼 코트를 입히는 게 부담스럽다면, 디자인과 실용성을 겸비한 퍼 트리밍 코트를 추천한다. 이때 주의할 점은 퍼 제품의 특성상 둔해 보일 수 있으므로 하의는 스키니 진과 같은 아이템으로 깔끔하게 연출하자.

15 슬리브리스
Sleeveless

활용도 만점의 민소매 톱

땀이 많은 아이들은 조금만 뛰어도 땀에 흠뻑 젖기 때문에 여름에는 아이에게 옷 입히기가 힘들다. 그러다 보니 엄마는 가볍고 땀 흡수가 잘되는 제품을 찾게 되는데 고민을 해결해 줄 아이템이 있다. 리원이의 경우에는 언더웨어 개념의 베이식 아이템으로 활용하는데 무덥고 습한 여름철, 네크라인이 넓은 옷을 입을 때에도 슬리브리스는 빛을 발한다.

CODINATION

슬리브리스가 티셔츠보다 큰 사이즈를 입어야 훨씬 예쁘다.

비슷한 계열의 크롭 팬츠는 발랄함을 더욱 살려 준다.

스카프를 벨트로 활용하는 것이 포인트!

풍성한 라인의 하이웨이스트 팬츠를 고를 것.

밋밋한 단색의 슬리브리스를 재미있게 연출하고 싶다면 스트라이프 톱 위에 레이어링한다.

사랑스러운 러플 장식의 슬리브리스는 하이웨이스트 팬츠와 함께 코디한다.

 **슬리브리스를 코디할 때의 포인트!**

단품으로만 입기보다는 이너웨어로 더 많이 활용되는 슬리브리스는 최대한 가볍게 레이어링하는 것이 핵심이다. 따라서 축 처지는 듯한 무거운 소재와 너무 튀는 비비드 컬러는 피하자. 봄, 가을에는 여름에 입던 시폰 원피스에 받쳐 입거나 여러 장의 슬리브리스를 겹쳐 입어도 무척 예쁘다.

16 | 피케 셔츠
Pique Shirt

클래식한 에너지

트임 장식의 피케 셔츠는 땀 흡수력이 강한 피케 소재를 사용하여 구김과 보풀이 일반 면보다 적은 것이 특징이다. 땀이 나도 옷이 들러 붙거나 축 처지지 않으면서도 은근히 갖춰 입은 듯 근사하다. 깔끔하게 코디하면 미국의 사립학교 모범생, 청바지와 라이딩 부츠에 매치하면 패션 모델, 컬러풀한 색상으로 입으면 애니메이션 캐릭터 같은 팔색조의 매력을 가지고 있다.

CODINATION

아이의 어깨선에 딱 맞는 사이즈가 가장 예쁘다.

상, 하의의 컬러감이 동일하다면 벨트를 이용해 분리시켜 주자.

하와이안풍의 피케 셔츠는 비슷한 분위기의 에스닉한 크롭 팬츠와 찰떡궁합이다.

깃은 살짝 세운다면 더할 나위 없이 멋스럽다.

활동하기 편안한 팬츠를 고르자.

톤이 다른 두 장의 피케 셔츠를 겹쳐 입어 스포티 룩을 완성한다.

Trendy

 **엄마 마음에 쏙 드는 피케 셔츠 고르기**

❶ 칼라 : 피케 셔츠는 칼라가 생명이다. 적당한 두께가 있어야 깃을 세웠을 때 형태를 오랫동안 유지할 수 있다.
❷ 암홀 : 아이의 체형에 따라 겨드랑이 둘레도 달라지니 입힌 후 겨드랑이가 불편한지 체크하자.
❸ 핏 : 전체 실루엣이 예쁘게 붙는 사이즈를 고르되 배 부위는 넉넉한 품이 편안하다.

17 | 체크 셔츠
Check shirt

식지 않는 셔츠의 인기

날씨가 추워질 때 어김없이 등장하는 체크 셔츠는 내가 어릴 적뿐 아니라 지금도 여전히 사랑받고 있다. 세련된 유럽피언을 연상시키는 이 아이템은 입기만 해도 밋밋한 스타일에 생동감을 주기 때문에 많은 스킬을 필요로 하지 않는다. 모노 톤의 두툼한 재킷 속에서도 눈에 띄는 키 아이템이니 빈티지한 체크 셔츠를 입어 센스 있는 스타일로 업그레이드하자.

CODINATION

Trendy

깜찍한 크로스 백으로
사랑스러움을 더하자.

재킷의 소매를 걷어서
체크 셔츠가 나오도록 하자.

술이 장식된 인디언풍
부츠를 더해 완성할 것!

심플한 기본 디자인의
체크 셔츠를 고르자.

로맨틱한 스타일을 원한다면 체크 셔츠를
부드러운 캐시미어 카디건과 함께 매치한다.

체크 셔츠 위에 스커트를 입은 후,
블레이저를 걸치면 활동적이면서도 감각 있어 보인다.

 **스타일리시한 체크 셔츠 고르기**

체크 셔츠를 구입할 때 가장 중요한 것은 체크의 크기나 종류, 컬러가 아니다. 몸 비율에 맞는 기장이 핵심이다. 주로 레이어링을 하거나 이너웨어로 입는다면 길이가 길거나 사이즈가 큰 것은 피하자. 아이에게 입혀 보거나 길이와 사이즈를 체크한 후 구입하면 된다.

18 | 데님 셔츠
Denim shirt

365일 변치 않는 셔츠 사랑

유행은 돌고 돈다. 작년까지만 해도 더블 데님 룩을 최악의 옷차림으로 꼽았는데 해가 바뀌니 이제는 최고의 룩으로 칭송하고 있다. 그만큼 데님을 소재로 한 아이템은 변화무쌍하다. 특히 편하고 여유 있는 데님 셔츠는 아주 다양하게 응용된다. 그래서 유행 아이템이든 클래식 아이템이든 리원이의 옷을 입힐 때 더욱 신경을 쓰게 된다. 엄마가 공들여 입혀 놓았는데 촌스럽다는 얘기는 듣고 싶지 않으니까 말이다.

CODINATION

Trendy

데님 셔츠에 청바지를 매치할 땐 위, 아래가 모두 같은 톤으로 입지 말아야 한다.

선명한 컬러의 크롭 재킷과 데님 셔츠는 환상의 궁합!

아메리칸 스타일처럼 편안하게 매치하자.

팬츠는 넉넉한 사이즈를 선택할 것!

연한 색상의 데님 셔츠와 반대되는 색상의 청바지와 함께 입는 '청청'도 스타일리시한 룩이 된다.

박시한 데님 셔츠를 받쳐 입고 니트 톱을 어깨에 걸치는 것처럼 작은 스타일링 하나도 놓치지 말아야 한다.

 **롤업! 스타일을 살리는 소매 접기**

스타일이 멋진 아이들은 한 가지 공통점이 있다. 바로 소매를 돌돌 말아 접는 센스를 유감없이 발휘한다는 것! 재킷 소매를 올려 이너웨어의 소재나 컬러감을 보여 주거나, 이너웨어의 소매를 겉옷 위로 접자. 이때 드러난 손목에 심플한 팔찌나 에스닉한 끈으로 마무리하면 예쁘다.

19 | 페미닌 블라우스
Feminine Blouse

하늘거리는 사랑스러움

페미닌 블라우스를 입은 아이는 깔끔한 원피스에 티셔츠를 받쳐 입은 아이와 얼굴 빛부터 다르다. 블라우스가 훨씬 단정할 뿐 아니라 로맨틱한 감성을 표현하기에 좋은 아이템이기 때문이다. 여기에 프릴이나 핀턱 장식이 가미되면 더욱 사랑스러워진다. 매일 비슷비슷한 옷차림으로 인해 스타일링에 지루함을 느꼈다면, 페미닌 블라우스가 걱정을 덜어 줄 것이다.

CODINATION

하늘하늘한 시폰 블라우스는 단색이 가장 예쁘다.

깜찍한 러플이 장식된 스커트로 포인트를 줄 것!

귀여운 플랫 슈즈가 잘 어울린다.

샌들은 중성적인 느낌의 글래디에이터 샌들로 엣지를 더하자.

'프리티 걸'을 가장 쉽게 연출하려면 시폰 소재의 튜닉 원피스와 매치하면 된다.

화이트 색상의 블라우스는 순수함 그대로 스타일링하는 것이 깔끔하다.

 **블라우스의 디테일에 주목하기**

앙증맞은 퍼프 소매나 피터팬 칼라, 리본과 플라워 패턴 등 사랑스러운 소녀를 연상시키는 블라우스는 디테일이 생명이다. 칼라가 달린 블라우스는 외투 밖으로 드러내면 훨씬 정돈되고 생기발랄한 레이어링 룩을 선보일 수 있다.

20 조끼
Vest

레이어링 필수 아이템

옷을 다 입은 후에도 부족하다고 느낄 때 조끼를 걸치면 근사한 스타일을 완성할 수 있다. 조끼가 2% 부족한 패션 지수를 채워 주기 때문이다. 최근에는 보헤미안 스타일을 선호하는 이들이 늘어나면서 조끼의 활용도 자연스레 많아지고 있다. 기본적인 디자인이라도 소재와 컬러에 따라 변화무쌍한 매력을 보여 주므로 아이들에게 없어서는 안 될 '머스트 해브 아이템'이다.

CODINATION

Trendy

편안하게 오픈해서 입는 것이 스타일리시하다.

로프 끈을 벨트로 활용할 것!

벨트는 얇고 가는 것을 골라야 한다.

부드러운 느낌을 살리기 위해선 로퍼를 신자.

개성 있는 프린트 티셔츠에 넉넉한 데님 팬츠와 조끼를 매치하면 시원한 서머 룩으로 변신할 수 있다.

퍼 조끼를 멋지게 연출하고 싶다면 벨트를 조끼 위에 레이어링해서 입는다.

 **다양한 소재의 조끼를 도전하기**

가죽 조끼는 카우보이 모자와 웨스턴 부츠를 더하면 말괄량이 같은 톰보이 룩으로, 니트 조끼는 두꺼운 겉옷을 벗어도 멋스러움이 가득한 이너웨어로 활용이 가능하다. 퍼 조끼의 경우엔 두툼한 니트 원피스나 풀오버 위에 겹쳐 입으면 로맨틱하다.

077

21 | 니트 풀오버
Knit Pullover

따뜻한 느낌이 전해지는 톱

겨울이면 입게 되는 풀오버는 아이의 목에 닿는 아이템이므로 더욱 깐깐하게 골라야 한다. 디자인만 예쁜 제품은 오래 입지 못한다. 풀오버는 소재가 좋아야 한다. 하지만 질 좋은 소재의 제품을 흔히 볼 수 없기 때문에 발견하게 되면 그 즉시 구입해야 한다. 목만 잘 감싸도 체감 온도가 2℃ 이상 올라가니, 찬바람이 부는 겨울철에는 부드러운 니트 풀오버로 추위를 막아 보자.

CODINATION

굵은 꼬임의 케이블 니트는 성글게 엮은 헐렁한 실루엣이 GOOD!

톤 온 톤 컬러 매치에 주력할 것!

종아리로 갈수록 좁아지는 배기 팬츠가 근사하다.

프릴 원피스와 함께 입는 센스를 발휘하자.

굵은 꼬임의 케이블 풀오버는 부피감이 있으니 아래는 심플한 배기 팬츠 정도로만 매치한다.

베이식한 디자인이라면 이너웨어로 활용해야 엉성한 느낌을 피할 수 있다.

 **니트 풀오버 고르기**

❶ 몸에 적당히 붙는 두께감이 넉넉한 H라인의 디자인으로 고르자.

❷ 오랫동안 입을 수 있도록 니트의 짜임이 촘촘하게 짜여 있는지 불빛에 비춰 확인하자.

❸ 탄력성이 우수해야 하므로 옷을 잡았다 놓았을 때 원래 상태로 금방 복구되는지 체크하자.

22 | 플레어 스커트
Flare Skirt

발랄하고 유쾌한 스타일링

어린 시절 TV 속 만화 여주인공들은 하나같이 한들거리는 나팔꽃 모양의 스커트를 입고 사뿐히 걸어 다녔다. 어린 마음에 스커트가 어찌나 예뻐 보였던지……. 애석하게도 어릴 적 내 옷장에는 그런 스타일의 스커트가 없었던 탓에 만화를 보고 난 밤에는 꿈속에도 등장했다. 그만큼 플레어 스커트는 꼬마 소녀들이 좋아하는 '완소'치마이다.

CODINATION

사랑스러움을 더하기 위해서는 시폰 소재의 블라우스를 선택할 것!

길이는 무릎 위로 올라오는 정도가 적당하다.

페미닌 블라우스와 함께 매치하면 걸리시하면서도 경쾌한 무드를 연출할 수 있다.

티셔츠는 스커트 안으로 넣어 입자.

블랙 스타킹에 걸러감이 살아 있는 옥스퍼드화를 신으면 GOOD!

좀 더 가벼운 캐주얼 스타일을 원한다면, 그래피티 티셔츠를 스커트와 믹스 앤 매치한다.

Trendy

 **Style Tip** — 치마용 속옷까지 챙기는 센스 발휘하기

속옷이 보이는 것은 엄마의 센스와도 직결된다. 조심하라고 말로만 이야기하는 것보다 엄마가 알아서 챙겨 주는 것이 진짜 센스다. 속바지용으로 블루머즈^{bloomers}, 레깅스를 입히면 스커트가 바람에 날려도 걱정이 없다.

23 | 셔츠형 원피스
Shirt One-Piece

클래식한 매력이 가득한 원피스

클래식함이 물씬 풍기는 셔츠형 원피스는 야외 활동은 물론 격식 있는 자리에도 두루 어울리는 아이템으로, 블레이저와 스타킹을 함께 매치하면 요조숙녀로 탈바꿈할 수 있다. 다양한 종류와 컬러를 찾아볼 수 있지만, 셔츠를 기본으로 하는 스타일이라 자칫 심심할 수 있으니 허리에 리본 끈을 둘러서 볼륨감을 주거나 프릴을 달아 귀여움을 강조하자.

CODINATION

귀마개가 달린 니트 모자를 더할 것!

소재의 차이로 인한 미묘한 톤 변화가 멋진 스타일을 만드는 법!

심플한 디테일의 셔츠형 원피스가 질리지 않는다.

보헤미안풍의 글래디에이터 샌들이 꼭 필요하다.

셔츠형 원피스는 살짝 비치는 듯한 화이트 원피스와 무지 티셔츠를 겹쳐 입는다.

깔끔한 핏의 셔츠형 원피스는 버튼을 모두 채운 상태에서 가죽 벨트로 센스 있게 완성한다.

Trendy

 **Style Tip** — 레이어링으로 멋진 업타운 룩 완성하기

셔츠형 원피스로 멋지게 연출하고 싶다면, 원피스 안에 이너웨어용 톱을 입고 페이턴트 소재의 벨트를 두르자. 이때 벨트와 스타킹의 컬러감이 비슷해야 멋스러워 보인다. 날씨가 너무 추울 땐 스타킹 위에 레그 워머를 겹쳐 신어도 좋다.

24 | 레이스 원피스
Lace One-Piece

엄마들의 로망

레이스 원피스는 때가 묻지 않은 순수함과 어딘지 모를 천진함이 느껴진다. 그래서인지 어떠한 콘셉트로 입혀도 여자아이 특유의 사랑스러움이 배어난다. 레이스 자체만으로도 구입하는 엄마가 많지만, 레이스로 뒤덮인 원피스가 부담스럽다면 살짝 포인트를 넣은 레이스도 많으니 치맛단이나 네크라인에 장식된 제품으로 선택하자.

CODINATION

크림 컬러의 스카프를 무심한 듯 자연스럽게 두른다.

돌돌 말아 내린 루스 삭스로 마무리할 것!

밀리터리 조끼로 보이시함을 함께 보여 주는 것이 포인트!

채도가 낮은 올리브 컬러가 제격이다.

새하얀 아일렛 레이스 Eyelet Lace 원피스는 가벼운 소품 정도만 더해 멋을 내는 것이 가장 예쁘다.

화려한 레이스로 가득한 원피스는 벨트나 볼레로, 조끼로 빈티지함을 살리는 것이 중요하다.

Trendy

 **Style Tip** — '뽐내기 하루용'이 아닌, '데이웨어'로 고르기

중요한 모임이나, 발표회 등에서 빠지지 않는 레이스 원피스는 아이들의 로망이자 엄마들의 자존심이다. 그러나 이런 모임은 자주 있는 것이 아니므로 '원데이용'으로 구입하는 것은 현명하지 못하다. 평소에도 입을 수 있는 것으로 고르되 베이지, 아이보리 계통의 색상으로 소재나 바느질이 꼼꼼한 제품으로 선택한다.

25 쇼츠
Shorts

경쾌한 봄의 왈츠

쇼츠의 매력은 단연 봄과 여름에 입는 경쾌함이다. 어른, 아이 할 것 없이 오랫동안 입던 무거운 겨울용 옷을 벗고 최대한 가벼우면서 활기찬 옷을 입기를 원한다. 땀 조절이 힘든 아이들에겐 쇼츠만큼 시원한 팬츠도 없다. 스타일도 다양해 기장이 짧은 미니부터 귀여운 벌룬 스타일까지 골라 입는 재미 또한 쏠쏠하다. 키가 작거나 상체가 통통한 아이는 밑위가 긴 하이웨이스트 스타일의 쇼츠를 선택하면 다리가 길어 보이는 효과도 누릴 수 있다.

CODINATION

여름 시즌에 맞춰 귀여운 팔찌와 선글라스로 악센트를 더하는 것을 잊지 말자.

오버 사이즈의 벨트는 리본 모양으로 예쁘게 묶자.

하이웨이스트 쇼츠가 가장 트렌디하다.

쇼츠의 밑단은 여러 번 말아 접는 것이 포인트!

하이웨이스트 쇼츠는 셔링이 잡힌 상의 톱을 안으로 넣어 입어 발랄한 느낌을 살린다.

사파리풍 쇼츠를 입을 땐 에스파드류 샌들과 밀짚모자로만 마무리하면 아주 생기발랄하다.

 **쇼츠를 멋지게 연출하기**

단순히 쇼츠만 입어서는 스타일 감각을 높일 수 없다. 좀 더 걸리시하게 연출하는 감각을 익히자. 길게 내려오는 셔츠나 스웨터를 입은 다음, 가는 벨트를 꼬아서 연출하면 더할 나위 없이 근사하다. 여기에 손가방을 들면 멋지게 차려 입은 레트로 룩이 완성된다.

26 | 배기 팬츠
Baggy Pants

평범하지 않은 특별함

아이용 배기 팬츠가 나왔을 때 엄마들은 무척 반가웠다. 엉덩이 부분이 보기 좋게 넉넉한 핏의 바지를 찾기가 쉽지 않았기 때문이다. 나 역시 실루엣이 예쁜 배기 팬츠를 즐겨 입히면서 스타일링 노하우를 터득했는데 그것은 바로 배기 팬츠의 길이에 따라 신발 선택도 잘해야 한다는 점이다. 발목까지 오는 길이는 깜찍한 메리제인 슈즈, 무릎 위로 올라오는 길이는 스포티한 슬립온과 부츠가 잘 어울림을 기억하자.

CODINATION

Trendy

귀여운 모양의 메리제인 슈즈를 신자.

마른 체격의 아이는 핀턱 팬츠로 체형을 커버할 수 있다.

목이 허전할 수도 있어 머스터드 색상의 스카프로 분위기를 살릴 것!

팬츠와 유사한 컬러의 신발은 하체를 더욱 길어 보이게 한다.

핀턱 장식의 배기 팬츠는 사랑스러운 디자인의 블라우스를 매치해 스타일을 완성한다.

세련된 멋을 느끼고 싶다면 티셔츠와 슬리브리스 톱을 함께 코디한다.

 **배기 팬츠 쇼핑 시 체크하기**

❶ 입었을 땐 종아리부터 라인이 좁아지기 때문에 다리에 맞게 끌어 올려 입는 것이 좋다.

❷ 허리선이 내려간 디자인으로 허리에 밴딩 처리가 되어 있는 제품이 착용감이 우수하다.

27 | 서스펜더 팬츠
Suspender Pants

말괄량이 소녀 같은 바지

흔히 '멜빵 바지'라고 부르는 서스펜더 팬츠는 아이가 막 걸어 다니기 시작하는 무렵부터 꼭 하나쯤 갖고 있는 옷이다. 탈부착이 가능한 서스펜더 팬츠부터 오버롤 타입 등 종류가 무척 다양하며 아이 혼자 바지를 벗을 수 있을 때부터 입히면 더욱 좋다. 활발하고 경쾌한 이미지를 연상시키는 서스펜더 팬츠는 베이식한 팬츠에 착용하기만 해도 발랄한 꼬마 숙녀 스타일이 완성된다.

CODINATION

깜찍한 베레는 비스듬히 얹은 듯 연출해 보자.

빈티지한 가죽 소재의 서스펜더는 스타일을 살려 준다.

플랫 슈즈 스타일보다 보이시한 하이톱 스니커즈를 권한다.

발도 편하고 스타일도 예쁜 옥스퍼드화로 선택하자.

재미난 프린트의 티셔츠, 카디건을 함께 입어 톰보이 스타일을 연출한다.

서스펜더가 따로 달렸다면, 크롭 팬츠 안에 차분한 톤의 피케 셔츠를 넣어 입는다.

Trendy

 **Style Tip**

보이시한 느낌 중화시키기

만약 중성적인 서스펜더 팬츠가 부담된다면, 스카프를 벨트로 둘러 시선을 분산시키자. 또 다른 방법은 보이시함과 걸리시함을 섞는 것이다. 사랑스러운 레이스 블라우스에 뉴스보이 캡 모자를 더하면 중성적인 분위기로 표현할 수 있다. 여기에 스트라이프 머플러로 꼬마 런더너의 분위기를 가미하는 것도 좋다.

28 점프슈트
Jump Suit

골라 입는 재미의 아이템

정비소나 카레이싱 경기장에서 볼 수 있는 점프슈트를 생각하면 오산이다. 점프슈트는 더 이상 투박한 작업복이 아니다. 톡톡한 데님부터 부드러운 면, 하늘거리는 시폰 소재까지 터프한 느낌보다 발랄하고 소녀적인 스타일의 제품도 많이 나올 정도니까 말이다. 게다가 오버롤부터 7부, 하프, 쇼츠, 스커트형까지 다양해 원하는 대로 골라 입을 수 있다.

CODINATION

Trendy

발랄한 프릴이 달린 점프슈트는 디테일을 최대한 살리자.

점프슈트는 한 치수 더 큰 사이즈를 고르자.

점프슈트에 맞춰 벨트도 톤 온 톤으로 스타일링하자.

클럽한 바지 밑단은 리본 매듭으로 표현할 것!

점프슈트 밑단을 접어 올린 다음, 밀짚모자를 비스듬하게 눌러 쓰면 스타일이 살아난다.

긴 점프슈트는 모노 톤의 티셔츠를 받쳐 입거나 컬러풀한 벨트를 곁들이면 된다.

 **점프슈트 입을 때 주의하기**

점프슈트를 입을 땐 허리와 엉덩이 라인을 감춰야 한다. 몸에 붙는 디자인은 보디라인을 적나라하게 드러내기 때문에 짧은 다리는 더욱 짧아 보이게 한다. 혹시라도 키가 작거나 통통한 체형이라면 쇼츠 타입을 추천한다.

29 | 스카프
Scarf

천 가지 표정을 지닌 목도리

프랑스 여자들의 다양한 스카프 활용법은 누구나 한 번쯤 들어 봤을 것이다. 머리띠, 벨트, 가방의 포인트, 톱 등으로 수없이 변신하는 스카프는 파리지앵뿐 아니라 아이들에게도 필수 액세서리이다. 특히 찬바람이 부는 가을부터는 허전한 목을 잘 감싸 주어야 하니, 센스 있는 엄마라면 스카프에 눈을 돌려 보자. 아이 목에 직접 닿는 것이니 소재를 잘 살피는 것도 잊지 말자.

우리 아이 스카프 매는 특별한 법

목에 한 번 감은 다음, 양 끝을 안으로 말아 넣어 끝 부분이 보이지 않게끔 모양을 잡는다.

스카프 양 끝을 묶어 목에 느슨하게 걸친 후, 삼각형 모양이 앞으로 오도록 연출한다.

손수건 크기의 쁘띠 스카프는 얇게 말아 접은 후 리본 매듭으로 묶어 준다.

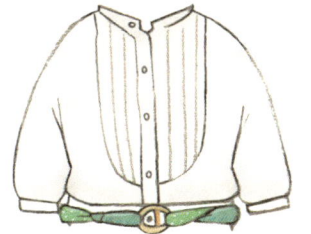

개성 만점의 스카프 벨트는 벨트의 양쪽 심을 한 장의 스카프로 이어서 완성한다.

 **가방 소품으로도 활용하기**

아이에게 안 어울려서 옷장에 묵혀 두거나, 구멍이 나서 사용하지 못하는 스카프는 가방 소품으로 활용하자. 가방의 손잡이 또는 옆면에 묶으면 포인트로도 좋을 뿐 아니라 스카프를 재활용할 수 있어 일석이조이다.

30 | 헤어 액세서리
Hair Accessories

머리 위에서 빛나는 패션

리원이는 대다수의 여자아이들처럼 갈색머리를 자연스럽게 늘어뜨린 상태에서 예쁜 헤어핀을 꽂아 주면 무척 좋아한다. 하지만 어려서부터 머리에 액세서리를 꽂는 것을 싫어하는 아이도 더러 있다. 그럴 땐 너무 조급하게 강요하지 말고 아이를 기다려 주는 엄마가 되자. 아이도 어느 정도 자라면 자신의 취향에 맞춰 헤어 액세서리를 선택할 것이다.

얼굴형에 따라 어울리는 액세서리

계란형

V라인의 대표적인 케이스로 지나치게 튀는 컬러는 피하자. 원 포인트로 주얼 장식의 액세서리 하나만을 착용한다.

동글이형

동그란 얼굴형의 가장 큰 장점인 동안 효과를 최대한 활용하자. 귀엽고 발랄한 느낌인 헤어핀을 매치한다.

사각형

자칫 강한 인상을 주기 쉬운 사각형 타입은 부드러운 인상을 주는 얇은 머리띠가 제격이다.

역삼각형

차가워 보일 수 있으므로 턱이 뾰족해 보이지 않도록 하는 것이 생명이다. 큰 장식이 달린 헤어 밴드로 시선을 분산시키자.

엄마표 핸드메이드 핀 만들기

내 손으로 직접 만든 헤어 핀을 딸에게 선물해 주자. 동대문에 가서 리본과 철심만 사면 끝이다! 손재주나 큰 비용이 드는 것이 아니니 내 아이만의 멋진 핀을 원한다면 시도해 볼 만하다. 참고로 동대문역의 동대문 종합 시장 건물에 가면 아주머니들이 친절하게 리본 묶는 법도 알려 준다.

31 | 모자
Hat

머리 위의 취향

모자는 바람과 햇빛을 막아 주는 기능이 중요하지만, 패션 면에서 잘 어울리는 것을 찾는 일 또한 중요하다. 꼭 미리 착용해 보고 구입해야 한다. 리원이는 예쁜 술이 달린 종 모양의 모자를 무척 좋아하는데 겨울용이라 옷장 속에 둔 적이 있다. 어느 날 오랜만에 꺼내 보니 모자가 작아져 있는 모습에 딸아이는 "엄마, 머리가 살이 쪘나 봐요!" 하며 엉뚱하면서도 귀여운 표현을 하였다.

스타일에 따른 모자의 종류

트래퍼 Trapper

겨울에 주로 착용하는 모자로 귀를 가릴 수 있는 것이 특징이다. 귀여운 스타일에 매치하기 좋다.

페도라 Fedora

활동적인 의상과 잘 어울리는 모자이다. 좌우를 너무 누르지 말고 쏙과 높이를 누상에 어울리게 매만지는 것이 예쁘다.

베레 Beret

동그란 챙이 없는 모자이다. 데님 룩에 매치하기 좋으며 적당한 두께감이 있어야 모양을 그대로 유지할 수 있다.

밀짚모자 Straw Hat

평평하고 둥근 모양에 리본으로 장식된 모자이다. 사랑스러운 원피스와 잘 어울린다.

우리 아이 모자 고르기

❶ 모자의 크기는 모자와 머리 사이에 검지 손가락이 들어가는 정도가 적당하다.

❷ 모자를 썼을 때 얼굴이 계란형으로 보이는지 꼭 체크하자. 광대뼈나 턱이 모자보다 밖으로 나오거나 얼굴 길이가 모자 높이보다 지나치게 긴 것은 선택하면 안 된다.

32 | 가방
Bag

내 아이의 잇 백

남자들이 차와 시계에 관심이 많다면, 여자들은 가방에 애정을 쏟는다. 더구나 여자아이를 키우는 엄마라면 아이의 가방까지 신경 써서 고르기 마련이다. 어릴 때부터 엄마가 의상 스타일에 맞춰 가방을 골라 주다 보면 자연스레 아이 스스로가 감각을 터득하게 된다. 리원이 역시 자신의 소지품을 넣고 다니기 시작하면서부터 지금까지 퍼 소재의 미니 가방, 니트로 짠 손가방, 왕골로 짠 동그란 가방 등을 곧잘 들고 다닌다.

HOW TO

스타일에 따른 가방의 종류

토트 백 Tote Bag
어깨 끈 장식이 없이 손잡이만 달린 손가방으로 간편하게 휴대하기 좋다.

호보 백 Hobo Bag
아래로 축 저진 모양으로 동물원 같은 주말 나들이에 제격이다.

크로스 백 Cross Bag
자칫하면 비대칭 어깨가 될 수 있으니 가벼운 소재를 선택해야 한다.

캔버스 백 Canvas Bag
일명 '보조 가방'으로 불리며 비가 오는 날에는 젖을 수 있다.

백팩 Backpack
등에 맬 수 있어 몸에 부담이 적다. 땀이 많은 아이는 백팩으로 인해 등에 땀이 생길 수 있으니 주의하자.

Style Tip  **내 아이에게 안성맞춤인 가방 고르기**

❶ 아이가 원하는 소품까지 넣으려면 너무 무거운 가방은 실용성이 떨어진다. 무겁지 않은지 들어 보자.
❷ 주머니, 지퍼 등 사용할 때 편리한 기능이 있는지 체크하자.
❸ 비슷한 종류의 가방을 여러 개 구입하기보다는 다양한 스타일이 가능한지 확인하자.

33 | 벨트
Belt

스타일을 업시켜 주는 힘

대부분의 청바지처럼 신축성이 없는 팬츠에는 벨트가 필요한 순간이 종종 발생한다. 더구나 마른 체형의 아이들은 바지를 받쳐 줄 배마저 없어 허리 사이즈에 난감해한 경험이 있을 것이다. 이럴 땐 벨트가 필요하다. 벨트는 평범한 치마나 단조로운 니트, 헐렁한 원피스, 밋밋한 청바지와 티셔츠 등 어디든 포인트가 필요한 부분에 큰 힘이 되어 줄 것이다.

스타일에 따른 벨트의 종류

로프 벨트 Rope Belt

밧줄 형태의 로프도 얼마든지 벨트로 응용할 수 있다.
느슨하게 묶어야 예쁘며 굵기가 두꺼울수록 둔탁해 보인다.

리본 끈 벨트 Ribbon Belt

아이 벨트로 활용할 수 있으니 리본 끈을 버리지 말고 모아 두자
매듭은 리본 형태가 깔끔하며 원피스나 스커트에 잘 어울린다.

페이턴트 벨트 Patent Belt

일명 '에나멜'이라고 불리며 그 자체만으로도 클래식하다.
심플한 화이트 청바지나 블랙 원피스와 잘 어울린다.

가죽 벨트 Leather Belt

가죽 벨트는 사계절 내내 실용적이다. 인디고 색상의
청바지 또는 빈티지한 스타일에 포인트를 주기에 적합하다.

편안한 착용감의 밴딩형 벨트 선택하기

아이들은 하루가 다르게 크기 때문에 어른들처럼 통가죽의 굵은 벨트보다는 밴딩형 벨트가 활용도가 높다. 또한 하트 패턴처럼 로맨틱한 스타일의 벨트는 데님 팬츠와 매치하면 무척 예쁘다. 화이트 원피스만 입었을 땐 펄 감이 있는 블랙 벨트로 시선을 모아 주자.

34 | 레깅스
Leggings

아이들도 빠져 버린 따뜻한 매력

아이가 훌쩍 커 버려 작년에 즐겨 입던 원피스를 못 입게 되었을 때, 스타일리시한 셔츠 원피스를 입히고 싶을 때, 스타킹으로 보온성이 떨어질 때 레깅스만한 아이템이 없다. 얼마 전 인터넷 쇼핑몰에서 내가 입을 레깅스를 구입했는데 너무 작았다. 그때 옆에서 지켜보던 리원이가 선뜻 자기가 입겠다며 가져간 뒤 지금도 즐겨 입는다. 아이는 마치 어른이 된 것처럼 들떠서 신이 나는가 보다.

모노톤 컬러에 따른 스타일링

롱 티셔츠나 박스형 셔츠를 입을 때

× 블랙

루스한 옷차림에는 블랙 색상의 레깅스가 가장 잘 어울린다. 신발은 투박한 느낌이 드는 워커나 부츠를 매치하면 스타일리시하다.

발랄한 플로럴 무늬의 쇼츠를 입을 때

× 베이지

귀여움이 물씬 풍기는 쇼츠의 색상과 비슷한 레깅스는 다리를 길어 보이게 하며 이때 신발은 깜찍한 샌들로 마무리하자.

공주풍의 튀튀 스커트를 입을 때

× 회색

여자아이들이 좋아하는 튀튀^{Tutu} 스커트의 사랑스러움을 듬뿍 담은 레깅스를 선택하되 도트 패턴이 가미된 디자인도 예쁘다.

레깅스를 입을 때 이것만은 참기

❶ 너무 화려하거나 튀는 색상은 일 년에 한두 번밖에 입지 못하니 채도가 낮은 제품을 고르자.

❷ 짧은 상의에 단독으로 입지 말자. 긴 상의나 스커트를 함께 입어 엉덩이를 살짝 덮어 주는 센스를 발휘하자.

❸ 발목형 레깅스는 캐주얼하게만 스타일링하자. 클래식한 복장과 신발에는 어울리지 않는다.

❹ 나일론 소재는 피부가 민감한 아이들에게 좋지 않으니 가급적이면 피하자.

35 | 스니커즈
Sneakers

개구쟁이 같은 천진난만함

리원이가 두 돌이 채 안 되었을 때 구입한 하이톱 스타일의 스니커즈는 리환이에게 물려주었을 정도로 유용하게 신는다. 하지만 아무리 활용도 높은 아이템도 센스 있게 매치하지 못하면 소용이 없는 법! 어디에나 어울린다고 매일 바지만 바꿔 가며 코디하지 말고 스타일과 컬러에 맞추는 노력을 하자. 뻔한 코디는 스니커즈의 매력을 다 표현하지 못하니까 말이다.

신발끈 예쁘게 묶는 법

X자 묶기 1

주로 운동화나 부츠를 묶을 때 쓰는 방법으로 신발끈을 빠르고 쉽게 묶고 풀 수 있다.

① 양쪽 구멍에 끈을 수평으로 넣어 아래로 뺀다.
② 아래쪽으로 나온 끈을 교차해 구멍 아래에서 위로 빼낸다.
③ 위로 올라온 끈을 대각선으로 교차해 위에서 아래 방향으로 구멍에 넣으면 대각선이 만들어진다.

X자 묶기 2

끈이 안팎으로 교차되기 때문에 발을 압박하지 않는다.

① 하단 양쪽 구멍의 아래에서 위쪽으로 끈을 뺀다.
② 끈을 서로 교차해가며 구멍의 아래부터 위로 신발끈을 맨다.

일자 묶기

굵고 투박한 끈일지라도 깔끔하게 보인다. 단 구멍의 수가 짝수일 때만 가능하다.

① 양쪽의 끈 길이를 동일하게 맞춘 뒤, 양 끝을 밖에서 안으로 뺀다.
② 수직으로 끈을 빼 가며 신발끈을 맨다.

신발 선택 시 주의하기

❶ 스니커즈의 바닥은 얇기 때문에 장시간 신기에는 무리다. 한창 크는 아이의 발바닥은 어른과 다르니 운동회나 먼 거리의 소풍에는 바닥이 푹신한 운동화로 대체하자.

❷ 스니커즈는 빈티지한 게 예쁘다며 더럽게 신기지 말자. 밖에서 보내는 시간이 늘어날수록 신발 표면뿐 아니라 신발 내부에 땀과 먼지가 뒤엉켜 비위생적이다.

36 플랫 슈즈
Flat Shoes

사랑스러운 꼬마 숙녀의 필수품

딸을 가진 엄마들의 특권은 사랑스러운 플랫 슈즈를 커플로 신는 것이다. 성인 디자인만 있던 페이즐리 프린트의 플랫 슈즈를 아이용으로 제작 의뢰한 적이 있다. 귀엽다는 평을 들어 기분이 무척 좋았는데 이후로 그 매장에서 추가로 판매까지 해 반응이 좋았다고 한다. 불과 몇 년 전이지만 당시에는 엄마와 딸의 커플 신발을 찾기 어려워서 나 같은 마음을 가진 엄마들에게 조금이나마 도움이 되었다는 생각에 기분이 좋았다.

스타일에 따른 플랫 슈즈의 종류

발레리나 슈즈 Ballerina Flat Shoes
앞코에 리본이 달린 귀여운 디자인으로 소재와 컬러가 다양하다.

모카신 Moccasin
부드러운 스웨이드 소재로 만들어져 오래 신어도 발에 무리가 없다.

메리제인 슈즈 Mary Jane Shoes
동그란 앞코와 발등을 가로지르는 스트랩이 포인트다. 꼬마 숙녀에게 잘 어울린다.

슬립온 Slip On
끈이나 버클, 버튼 등 일체의 장식이 없어 편하게 신을 수 있다.

옥스퍼드화 Oxford Shoes
얇은 끈을 매며 발등에 펀칭이 장식된 클래식 구두로 격식 있는 자리에 잘 어울린다.

샌들 Sandal
발등 부분이 거의 노출되고 끈이나 폭이 넓은 밴드를 여미는 스타일로 여름에 많이 신는다.

바닥의 쿠션을 꼼꼼히 확인하기
대부분의 플랫 슈즈는 굽이 없고 쿠션이 빈약하기 때문에 걸어 다니면 압력이 발바닥 전체에 전달되어 피로감을 쉽게 느끼게 된다. 따라서 바닥의 쿠션 상태를 확인하고 2cm 정도의 굽이 있는 제품을 골라야 한다.

37 부츠
Boots

따뜻하고 스타일리시한 신발

대충 입고 신기만 해도 스타일리시해 보이는 부츠는 겨울에만 신기엔 무척 아깝다. 디자인에 따라 종류도 무궁무진해 레깅스나 데님, 페미닌한 원피스와도 잘 어울리므로 아이가 자주 입는 스타일을 고려해 부츠의 디자인을 선택하자. 다리가 부각되기 때문에 아이의 체형에 맞는 기장을 선택해야 하며 미끄러지지 않도록 발 바닥도 꼼꼼히 살핀 후 고르자.

스타일에 따른 부츠의 종류

어그 부츠 Ugg Boots

어그 부츠와 가장 잘 어울리는 아이템은 청바지다. 어두운 계열의 진은 밝은 컬러, 밝은 컬러의 진은 어두운 어그 부츠가 제격이다.

레인 부츠 Rain Boots

컬러감이 예쁜 레인 부츠는 무더운 날씨나 습한 장마철에 시원하게 입을 수 있는 쇼츠나 짧은 원피스와 함께 신자.

웨스턴 부츠 Western Boots

빈티지한 매력의 웨스턴 부츠는 비슷한 분위기의 아이템과 함께 입어야 예쁘다. 부츠컷 청바지, 체크 패턴의 롱 셔츠와 잘 어울린다.

패딩 부츠 Padding Boots

방수 소재의 패딩 부츠는 슬림한 디자인이라도 캐주얼한 분위기가 강하기 때문에 그에 맞는 후드 점퍼, 크롭 팬츠와 함께 매치하자.

슬라우치 부츠 Slouchy Boots

흘러내릴 듯 자연스러운 주름이 특징인 슬라우치 부츠는 종아리가 두꺼운 아이에게 좋다. 에스닉한 패턴의 원피스, 스노우 진에 신자.

라이딩 부츠 Riding Boots

군더더기 없이 깔끔한 코트와 스키니진을 매치하면 라이딩 부츠의 클래식한 매력을 십분 발휘할 수 있다.

우리 아이의 신발 사이즈 찾기

쑥쑥 크는 아이라도 큰 사이즈보다 정사이즈를 신어야 한다. 종이 위에 발 모양을 따라 선을 그린 다음, 길이를 잰 상태에서 10mm를 더한 길이가 가장 적당한 사이즈이다. 또 끈이 있는 슈즈를 신을 때 꽉 조이면 신발이 늘어나 수명이 단축되기 때문에 끈은 적당하게 묶어야 한다.

37개 아이템으로 스타일링할 때 주의할 점이 있다. 아무리 근사한 옷이라도 소재가 좋지 않으면 아무 소용이 없다는 것이다. 게다가 촌스러운 패턴은 아이의 인상까지 바꾸니 반드시 체크해야 한다. 아이용 소재로 가장 많이 쓰이는 대표 소재와 패턴을 살펴보고 실전에 활용할 수 있는 노하우를 익혀 보자.

Part 2

스타일리시한 아이로 만들어 주는
신기한 소재 & 패턴

부드러운 매력의 소재
코튼

센스 감각을 돋보이게 하는 소재

Cotton

어릴 적에 TV에서 어린아이가 목욕 타월에 얼굴을 묻고 노는 섬유 유연제 광고를 보았다. 보는 내내 부드러운 감촉의 타월이 금방이라도 만져질 것만 같았다. 소재를 직접 만져 보고 옷을 구입하기에는 너무 어렸지만 면이 포근하고 부드러운 소재라는 것을 그때 알게 되었다. 또한 생산지나 면수에 대해 알기 전에도 속옷이나 수건을 통해 흡수가 잘되고 부드러운 면이 제일이라고 느끼며 자랐다.

자기 것보다 아이의 옷을 구입할 때 훨씬 신경을 쓰는 엄마들에게 면은 흡습성, 보온성, 촉감 등 여러 면에서 가장 이상적인 옷감이다. 특히 아이용 소재로 가장 많이 쓰이기 때문에 꼼꼼히 따져 보고 선택해야 한다. 브랜드마다 면의 종류가 달라도 자세히 기재하지 않을 뿐더러 우리의 눈으로 식별하기가 어렵기 때문에 옷 라벨과 함께 부착된 성분 분석표를 함께 확인해야 한다.

나는 손으로 만졌을 때 느껴지는 촉감으로 면을 판단한다. 손끝으로 만지다 보면 굵고 얇은 짜임의 정도를 느낄 수 있는데 주로 선택하는 면은 짜임이 얇으면서 탄력이 느껴지는 정도의 것이다. 이러한 제품은 민감한 아이 피부에도 잘 맞고 쉽게 해지지 않아 오랫동안 입을 수 있다. 엄마들이 가장 많이 구입하는 면 티셔츠의 경우에는 촉감뿐 아니라 탄성도 체크해야 한다. 아이들은 쉽게 입었다 벗었다를 반복하기 때문에 네크라인이 잘 늘어나는지 옷을 늘려 보면 금방 알 수 있다. 또 객관적으로 봤을 때 아이의 얼굴 크기를 가늠해 보고 네크라인 크기에 맞는 제품을 선택하도록 한다.

스타일맘 이혜원의 패션 노하우!

아이들은 잠깐 뛰어놀고도 온몸이 흥건해질 만큼 땀을 많이 흘린다. 그러니 계절과 상관없이 아이들에게 흡수성이 뛰어난 면 속옷을 입히자. 단 면은 세탁 후에는 줄어드는 성질이 있으니 폴리에스테르와 혼방된 제품을 구입하도록 하자. 또 한 가지, 아이들은 잠을 잘 때에도 머리에서 땀이 많이 난다. 아기용 베개는 자주 빨 수 있지만 아이가 클수록 자주 빨지 못하니 큰 가제 수건이나 시장에서 파는 면을 사서 아이 베개 전체에 덮어 주자. 리원이의 경우에는 땀이 워낙 많아서 유기농 면을 마 단위로 사다가 두고 쓴다. 아이들에게 꼭 필요한 면 제품은 디자인보다 가장 기본적인 기능에 충실한 제품을 선택하도록 하자.

● 센스 감각을 돋보이게 하는 소재

면 제품의 세탁과 보관은
이렇게 하자!

★ 고급 면일수록 마찰이나 열에 약하므로 아끼는 옷은 손빨래를 하는 것이 좋다.
★ 원피스나 셔츠는 처음엔 드라이 클리닝한 후, 두 번째 세탁부터는 울 샴푸나 주방세제(손에 닿아도 무리가 없기 때문에 주방세제로 아이 옷을 세탁해도 무방함)를 함께 넣어 헹군다.
★ 옷감의 손상을 조금이라도 막으려면 세탁 망을 활용하자. 혹시 늘어나는 것이 우려된다면 다 마르기 전에 다림질을 하면 늘어나는 것을 막을 수 있다.
★ 면 티셔츠처럼 네크라인이 좁은 옷은 옷걸이에 걸지 말고 널어서 말리는 것이 좋다.
★ 색깔별로 구분해서 빨아야 흰 옷에 물이 들지 않는다. 또한 수지 가공된 직물은 알칼리성 세제와 고온 세탁을 피하자.
★ 면 제품은 곰팡이와 좀에 약하니 부직포로 된 보관함에 방충제와 함께 넣어 보관하자.
★ 면 혼방 소재라면 겹겹이 쌓아 보관하기보다는 따로 보관하는 것이 낫다.

클래식한 무드의 소재

울

센스 감각을 돋보이게 하는 소재

Wool

아이를 키우다 보면 감기라도 걸릴세라 최대한 따뜻하게 입힌다. 그러나 자꾸 입힐수록 옷 맵시는 망가지게 된다. 이럴 땐 얇은 두께감에 실루엣도 근사한 울 소재의 코트를 활용하자. 나는 겨울이면 원단을 직접 골라 아이용 코트를 만들어 준다. 작년에는 같은 원단으로 리원이는 롱 코트, 리환이는 기본 재킷을 만들어 입혔다. 같은 듯하지만 다른 분위기의 커플 룩으로, 외출할 때면 아이들도 좋아해 볼 때마다 미소를 짓게 된다.

울 소재의 매력은 클래식함이다. 군더더기없이 깔끔한 핏에 은은한 분위기를 지닌 울의 매력은 미니멀한 아이템과 매치했을 때 더더욱 빛을 발한다. 하나의 예로 그레이 색상의 울 코트는 모던한 스타일의 원피스와 스타킹을 더하면 미국 상류층의 단정한 요조숙녀처럼 변신할 수 있다. 베이지 컬러의 울 반바지는 심플한 니트 풀오버 위에 조끼와 함께 입으면 클래식의 대표 룩으로도 손색이 없다. 이처럼 울은 스타일의 밸런스를 맞춰 주는 동시에 고급스러운 이미지 효과로 오랫동안 사랑받는 소재이다.

클래식한 스타일을 좋아하는 나의 스타일에 맞춰 두 돌된 딸아이에게 울 코트를 입힌 적이 있다. 하지만 예쁘리라는 내 생각과 달리 배가 볼록하게 나온 아기 몸으로는 옷태가 나지 않았다. 큰 마음을 먹고 구입한 코트가 결국 쓰디쓴 실패로 끝나고 말았지만 한 가지 깨달은 교훈이 있다. 아이들에게 옷을 입힐 땐 엄마가 좋아하는 스타일이라고 무작정 입히지 말아야 한다는 것이다. 또한 아무리 예쁜 스타일이라도 아이가 따라 주지 않으면 그것은 실패한 스타일링이다. 실패를 두려워하지 말고 아이와 엄마 모두 마음에 드는 스타일을 찾을 때까지 모방도, 창작도 열심히 도전해 보자.

스타일맘 이혜원의 패션 노하우!

아이 옷이기 때문에 드라이 클리닝이 안 좋다고 생각하는 엄마들이 있다. 그렇다고 아이의 옷을 모두 손빨래를 할 수도 없는 데다 아이에게 면 소재 옷만 입힐 수도 없다. 나의 경우에는 겨울용 겉옷과 처음 산 옷 위주로만 드라이 클리닝을 맡긴다. 세탁 후 가져온 옷은 아이용 소독제를 살짝 뿌려 하루 정도 말린 후에 입힌다. 아이에게 늘 좋고 깨끗한 것만 해 주고 싶지만 엄마 힘으로 부족한 것은 당연히 있기 마련이다. 어쩔 수 없는 일로 인해 스트레스를 받지 말자. 엄마가 최선을 다했다면, 부족하더라도 만족해하는 습관을 들여야 엄마도 편하게 아이를 사랑해 줄 수 있을 것이다.

센스 감각을 돋보이게 하는 소재

까다로운 울 소재 관리는
이렇게 하자!

★ 겨울을 대표하는 소재인 울은 좀벌레가 가장 좋아하기 때문에 관리에 신경을 써야 한다. 드라이 클리닝 후에는 커버를 벗겨 내 기름 냄새를 날린 후 통풍이 잘 되는 종이 커버에 씌워 보관하자.

★ 소재 특성상 먼지가 잘 붙기 때문에 외출하고 돌아오면 먼지를 털어 주는 게 좋다. 이때 어깨부터 결을 따라 전체적으로 털어 낸 다음 통풍이 잘 되는 그늘에 널어야 한다. 옷장에 넣을 때에도 충분한 공간을 둔 상태에서 방습·방충제와 함께 걸어 두는 것이 좋다. 얼룩이 생겼을 때는 바로 지워야 한다. 중성세제를 푼 물을 살짝 묻혀 부분 세탁을 하거나 벤젠을 적신 거즈로 문질러서 지우자.

★ 혹시 옷에 주름이 생겼다면 스팀 다리미를 이용하자. 보통의 주름은 걸어 둔 상태로 스팀만 쐬어도 펴지지만, 쉽게 펴지지 않는 주름은 섬유 유연제를 뿌려서 옷감을 부드럽게 한 다음에 다림질을 하면 더 큰 효과를 볼 수 있다. 오랜 시간 보관할 경우에는 형광등 불빛에도 탈색이 될 수 있으니 꼭 장롱 안에 넣어 두자.

포근함을 지닌 소재
니트

센스 감각을 돋보이게 하는 소재

Knit

내가 아이 옷을 선택하는 첫 번째 기준은 소재이다. 디자인이 예쁘면 눈이 가지만 살까 말까 고민을 하는 데 반해, 소재가 좋으면 곧바로 사게 된다. 특히 질 좋은 니트는 쉽게 구할 수 없어서 마음에 든다 싶으면 고민하지 말고 구입하는 것이 좋다. 비슷한 스타일의 니트 스웨터라도 소재가 좋은 제품은 관리만 잘 하면 대대로 물려줄 수 있을 정도로 소장 가치가 높다.

뜨거나 짜서 만든 옷을 뜻하는 오늘날의 니트 웨어는 14세기 어부들이 사용하던 어망에서 아이디어를 얻은 것이다. 니트는 고리의 연결에 의해 만들어지기 때문에 부드러운 감촉과 신축성, 구김이 잘 생기지 않는 특징이 있다. 아이에게 코튼 다음으로 가장 많은 입히는 옷감 중 하나인데, 특히 딸아이용 카디건은 계절을 막론하고 이너웨어와 아우터로 다양하게 활용하고 있다. 유치원에 갈 때 자주 입는 화이트, 스카이 블루 카디건은 청바지와 함께 리원이의 완소 아이템이다.

아이용을 살 땐 소재 함유량에 신경을 쓰자. 100% 순 울은 고가일 뿐만 아니라 관리도 까다롭기 때문에 가급적이면 피하는 것이 좋다. 아이들이 입기에는 캐시미어 혼방이 가장 좋다. 앙고라 니트를 고를 때에는 털이 짧으며 빠지지 않는 제품으로 골라야 한다. 앙고라 털은 퍼와 달리 눈에 잘 띄지 않아 기관지염에 걸리기 쉽다. 아이를 돋보이게 하는 것은 유명한 브랜드의 옷이 아니라 아이에게 잘 맞는 좋은 소재의 옷이다. 다양한 옷을 매일 바꿔 가며 입히는 것도 좋지만 아이에게 잘 어울리는 기본 아이템을 잘 갖춰 두면 돈을 많이 들이지 않아도 충분히 스타일리시하게 코디할 수 있다.

스타일맘 이혜원의 패션 노하우!

질 좋은 니트를 샀는데 관리를 소홀히해서 못 입게 되면 무척 속상하다. 리원이가 즐겨 입던 니트 스웨터에 구멍이 나서 수선을 맡긴 적이 있다. 다행히 올이 풀리지 않았던 상태여서 금세 멀쩡하게 수선이 되었다. 하지만 정작 옷을 뒤집어 보니 끊어진 실 양쪽을 잡아 당겨 안쪽에서 코바늘로 꿰맨 것이 아닌가. 구멍이 나지 않도록 조심해서 입으면 좋을 텐데 그게 엄마의 마음대로 되지 않는다. 그렇다고 마음에 쏙 드는 옷을 버릴 수도 없는 일 못 입을 정도로 올이 풀린 경우만 아니면 얼룩이나 수축, 늘어남, 구멍 등은 수선할 방법이 있으니 고쳐서 입자. 가장 흔히 범하는 실수가 니트를 옷걸이에 걸어 보관하는 것이다. 니트는 소재의 특성상 쉽게 늘어나기 때문에 옷걸이 형태에 따라 옷에 자국이 남는다. 그러니 반드시 접어서 보관하자.

센스 감각을 돋보이게 하는 소재

니트 트러블이 생겼을 땐 이렇게 하자!

★ 얼룩이 생겼을 때
니트에 얼룩이 생겼을 때는 즉시 처리하자. 깨끗한 타월을 깐 뒤 얼룩이 생긴 니트를 올리자. 그런 다음 작고 부드러운 솔에 울 전용 세제를 묻혀 가볍게 두드린다. 문지르지 말고 얼룩이 심하게 생긴 경우에는 세탁소에 맡기자.

★ 곰팡이가 생겼을 때
습한 곳에 보관한 니트는 곰팡이가 피기 쉽다. 발견하는 즉시 햇볕에 잘 말린 다음 물에 적신 거즈나 타월로 살살 닦아 낸다. 그래도 안 지워진다면 락스를 희석한 물에 담갔다가 헹궈 내자.

★ 옷감이 수축되었을 때
심하게 줄어든 경우는 완벽하게는 어렵지만 어느 정도는 회복이 가능하다. 미지근한 물에 암모니아수를 몇 방울 떨어 뜨려 니트를 부드럽게 만든 후, 줄어든 부분을 당겨서 원래 크기로 늘린다. 그런 다음 타월로 눌러 물기를 짜 내고 평평한 그늘에 널어 말린다. 마른 후에 형태를 잡아 다림질하면 끝.

★ 옷감이 늘어났을 때
뜨거운 물에 닿으면 수축되는 성질을 이용하는 방법으로, 늘어난 니트를 원래의 모양대로 잡은 상태에서 스팀 다림질을 하면 탄력이 생겨 옷감이 줄어든다. 네크라인이나 소매 부분은 늘어난 부분의 안쪽에서 실을 당겨 스팀 다림질을 하면 된다.

빈티지한 향수가 어린 소재
코듀로이

센스 감각을 돋보이게 하는 소재

Corduroy

내가 어릴 적에는 동네 놀이터에 삼삼오오 모인 아이들 중 '골덴 바지'가 꼭 하나쯤은 있을 정도로 코듀로이의 인기가 높았다. 지금은 세월이 지나 옛 시절만큼의 인기는 아니어도 여전히 빈티지함을 표현할 수 있는 최고의 소재인 것만은 분명하다. 처음에는 뻣뻣하고 거친 느낌을 주지만 자주 입다 보면 길들여져 착용감이 편안한 옷감, 이것이 바로 코듀로이를 입는 이유이다.

코듀로이는 '왕의 직물'이라는 프랑스어에서 유래하였다. 왕족들 사이에서 유행하게 되면서 시대의 유행을 주도했던 만큼 학구적인 느낌이 드는 동시에 캐주얼한 스타일에도 잘 어울린다. 격식이 필요한 자리에서는 벨벳 재킷에 코듀로이 팬츠를 입으면 세련된 룩으로 연출할 수 있다. 반대로 모범적인 분위기의 코듀로이 재킷에 자연스럽게 워싱된 청바지를 곁들이면 빈티지하면서도 발랄한 분위기를 보여 준다.

코듀로이 소재는 모직이나 트위드, 캐시미어만큼 따뜻한 보온성을 가지고 있지만 훨씬 저렴하고 관리도 편하다. 게다가 쉽게 해지지 않는 터프한 소재이므로 활발한 아이들에겐 겨울 필수 아이템으로 적당하다. 하지만 웨일의 결이 가지런하지 않으면 얼룩처럼 보여 새 옷임에도 깔끔한 느낌이 없다.

다른 소재들과 달리 코듀로이는 '웨일'이라고 불리는 세로로 긴 골을 규칙적으로 가지고 있어 굵기에 따라 분위기도 함께 달라진다. 그러니 덩치가 큰 아이는 얇은 웨일을, 마른 아이는 굵은 웨일로 볼륨감을 살리자. 또한 골 진 부분의 음영이 교차하면서 무지 옷보다는 전체적으로 넓어 보이기 때문에 하체가 통통한 아이는 코듀로이 팬츠를 입을 때 둔감해 보이는 굵은 골은 피하는 것이 좋다. 코듀로이를 활용한 코디에 자신이 없다면, 액세서리나 레깅스로 연출하는 것도 방법이다. 포근해 보이는 코듀로이 소재의 액세서리는 포인트로 제격이다.

스타일맘 이혜원의 패션 노하우!

코듀로이 팬츠는 바지 자체의 볼륨감이 있어 상의를 신경 써서 입혀야 한다. 너무 타이트하게 입히면 머리가 큰 가분수로 보이니 어느 정도 넉넉한 사이즈의 두꺼운 소재를 선택해야 바지와 잘 어울린다. 기저귀를 차는 아이가 아니라면 너무 큰 바지도 피하는 편이 오히려 스타일리시하다. 머리가 크고 다리는 짧아 보이면 어떠한 컬러를 선택해도 이상하다. 이것이 내가 몸에 달라 붙는 티셔츠와 어벙벙한 실루엣의 바지를 안 입히는 이유이다.

센스 감각을 돋보이게 하는 소재

코듀로이를 오래도록
입기 위해선 이렇게 하자!

★ 조금만 관리를 소홀히 해도 팔꿈치, 무릎, 엉덩이가 늘어나 옷의 모양이 체형대로 변하니 한 번 입으면, 이틀 정도는 세워서 걸어 두어 늘어남을 복원시킨 뒤 입는 것이 좋다.

★ 손 세탁을 한다면 비틀어 짜지 말고 수건으로 눌러 짠 뒤 통풍이 잘 되는 곳에서 말린다. 그런 다음 털이 난 방향대로 모가 딱딱한 솔로 솔질을 부드럽게 해 주자. 젖은 상태에서 웨일이 눌리면 접힌 주름이 생기기 쉬우므로 솔질과 건조가 중요하다.

★ 세탁할 수 있을 만큼 조직이 튼튼하지만 좀처럼 제거하기 힘든 보풀이 생길 수 있으니 수건과 함께 세탁하거나 건조시키는 것은 금물이다.

★ 얼룩이 생겼다면 즉시 미지근한 물로 닦아 내고 말린 다음 솔로 가볍게 털어 낸다.

★ 옷장에 보관할 때 겉옷은 어깨 부분이 두툼한 옷걸이에 걸어 두자. 그래야 구겨지지 않고 형태를 유지할 수 있다. 바지의 경우에는 주름이 생기지 않도록 막대가 굵은 옷걸이를 쓰는 게 좋다. 옷걸이가 얇다면 바지가 접히는 부분을 종이로 감싼 다음 걸어 두면 된다. 집게가 달린 옷걸이는 집는 힘이 너무 강하면 허리 부분에 자국이 나거나 천이 망가질 수 있다. 때문에 집게 사이에 두툼한 천 조각이나 신문지를 끼우는 것도 방법이다.

스타일리시한 소재
데님

센스 감각을 돋보이게 하는 소재

Denim

천막 천으로 리바이스 청바지를 처음 만든 사람은 지금처럼 다양한 청바지의 변화를 상상하지도 못했을 것이다. 나 역시 활동적인 아이들도 입기 편하고 손질하기 편한 데님을 선호한다. 패션 아이템의 기본 중에 기본인 데님도 소재는 면이다. 엄밀히 따지자면 데님은 면에 청색을 염색한 것이고, 진이 거친 면으로 만든 작업복용 청바지이다. 하지만 최근에는 데님과 진이 같은 뜻으로 쓰인다. 아이들의 청바지는 대부분 유연한 데님 소재가 많으며 대체로 부드러운 청바지는 데님, 딱딱한 청바지는 진을 의미한다.

베스트 드레서 대열에 합류한 데님은 가히 '국민 옷감'이라고 할 정도로 인기몰이 중이다. 특히 누구나 하나쯤 가지고 있는 청바지는 몇 장만 있어도 단순해 보이는 스타일을 멋스럽게 연출해 준다. 편안하고 자연스러운 스타일을 좋아하는 아이라면 스트레이트 일자형 팬츠나 통이 넓은 와이드 팬츠에 캐주얼한 티셔츠나 점퍼 스타일로 코디하며, 정적이고 클래식한 분위기에 어울리는 아이는 스키니 진에 재킷이나 셔츠를 코디해 주면 된다. 또한 같은 청바지에 아이템 하나만 바꿔도 전혀 다른 스타일이 될 수 있다. 딸아이가 자주 입는 스키니 진은 에스닉 원피스와 코디하면 여성스러운 느낌을 주는 반면, 라이더 재킷과 코디하면 굉장히 세련된 느낌이다. 여기에 다양한 레이어링까지 더하면 아이의 한 달 분량의 패션은 걱정없다.

하지만 나처럼 청바지를 좋아해서 아이에게 자주 입힌다면 한 가지 기본은 지켜야 한다. 비슷한 느낌으로 반복적으로 입히지 말 것! 어느 날인가 간편한 티셔츠에 청바지 차림으로 입혔더니 리원이가 대뜸 이렇게 물었다. "엄마, 오늘도 이거 입어요?" 분명 어제와는 다른 브랜드의 티셔츠와 청바지인데도 아이에겐 어제와 별반 차이가 없는 스타일링이었던 것이다. 그만큼 많이 입는 데님 아이템으로 비슷한 분위기로 바꿔만 입지 말고 여러 가지의 스타일을 시도해 보자. 그것이 진정 데님을 즐기는 방법이다.

스타일맘 이혜원의 패션 노하우!

청바지는 한 번 사면 오랫동안 입을 수 있는 아이템이기 때문에 가능하면 입어 보고 구입하자. 구입할 때는 자신의 판단 기준을 어느 정도 세우고 적합한 제품으로 고르는 것이 좋다. 나는 전체적인 라인과 뒤태를 신경 써서 체크한다. 아이들 제품이라고 해도 브랜드마다 전체적인 라인이나 핏, 골반의 위치, 길이 등이 다 다르다. 게다가 외국 브랜드의 옷이라면 사이즈의 차이도 있다. 아이들은 우리와 달라서 마음에 드는 옷을 고를 때까지 갈아입어 주지 않는다. 그래서 생긴 나만의 노하우는 라인이 예쁜 스키니 진으로 고르되, 한 치수 더 큰 제품을 선택하는 것이다. 뒤태는 주머니 위치와 스티치 컬러를 체크해야 하는데, 이때 스티치의 컬러에 맞는 신발을 신으면 색감이 통일되어 예뻐 보인다.

센스 감각을 돋보이게 하는 소재

올바른 데님 관리로
매일 새 옷처럼 입자!

★ 세탁하기
청바지는 꼭 뒤집어서 손빨래하자. 변형과 물 빠짐을 막기 위해선 찬물로 세탁하고, 세제는 가급적 적게 쓴다. 세탁기로 돌릴 때에도 비슷하다. 뒤집은 상태에서 버클과 지퍼를 채운 뒤 가급적 청바지끼리 모아서 세탁하자.

★ 말리기
데님 원단이 물을 머금고 있는 상태에서 햇볕에 말리면 청바지가 수축한다. 원단이 좋을 경우 착용하면 원상태로 복귀되는 경우도 있지만 한 번 수축되면 입기가 힘들어지므로 꼭 바람이 잘 통하는 그늘에서 말리도록 하자.

★ 보관하기
바지걸이에 걸거나 세탁소 옷걸이를 활용해 흔적이 남지 않도록 보관하는 것이 좋다. 청바지를 입었는데 가로 줄이 깊이 패여 있으면 보기 좋지 않다. 또한 옷장 정리나 계절별 옷을 정리할 때 아이들이나 남편과 함께 해 보자. 먼지가 좀 나고 힘든 일이긴 하지만, 식구들이 모여 함께 입은 옷을 정리하고 새로운 계절의 옷을 꺼내는 것도 즐거운 추억이 될 것이다. 디테일한 부분은 엄마가 직접 정리를 해야겠지만 어느 정도는 함께하는 것이 좋다. 집안일을 함께하는 즐거움을 어렸을 때부터 심어 주는 것도 필요하니까 말이다.

화려한 만큼 아름다운 소재
퍼

◉ 센스 감각을 돋보이게 하는 소재

Fur

이제는 아이들 옷에도 퍼가 트리밍된 것을 쉽게 찾아볼 수 있다. 우아한 업타운 스타일에 잘 어울리는 퍼가 얌전히 자리를 잡고 있는 블루종Blouson은 아이들이 크면 클수록 탐나는 아이템이다. 실제로 퍼 아이템을 입은 아이들이 어른들 못지않게 패셔너블한 경우를 종종 볼 수 있다. 리원이가 어렸을 때에는 기껏 해야 모자나 머플러 정도였지만 지금은 머리 위의 헤어 장식부터 발끝의 부츠까지 무궁무진하게 활용되고 있다.

인류의 조상들은 혹독한 추위를 이겨 내기 위해 동물의 가죽을 벗겨 옷으로 입었다. 하지만 이렇게 얻은 모피는 너무 무겁고 딱딱해서 활동하기에는 불편했다. 물론 점차 나무의 진이나 잿물을 바르면 모피가 한결 가벼워진다는 사실을 터득하게 됐지만 그것이 전부였다. 모든 패션이 그러하듯 오랜 세월이 지나는 동안 사람들은 모피를 패셔너블한 아이템으로 승화시켰고, 지금은 아이들이 입어도 근사한 데이웨어로까지 발전하였다.

퍼는 화려하긴 하지만 의외로 매치하기 쉬운 아이템이다. 너무 어렵게만 생각하지 말자. 가장 실용적인 퍼 조끼는 보헤미안풍의 블라우스나 화이트 레이스 원피스와 무척 잘 어울린다. 여기에 슬라우치 부츠를 신어 에지를 살리면 더욱 좋다. 더욱이 사이즈에 구애 받지 않고 2~3년은 너끈히 입힐 수 있어 실용적이기까지 하다. 퍼 조끼가 부담스럽다면 헤어 액세서리나 동그란 퍼 방울이 달린 플랫 슈즈로도 근사하게 연출해 보자. 러시안풍 모자나 머플러 같은 제품도 아이들이 쓰기엔 부담이 없다. 리얼 퍼는 예쁘긴 하지만 고가인 데다가 관리에도 신경을 많이 써야 한다. 아이에게는 인조 퍼를 선택해 유행을 따르면서도 부담 없이 즐기는 편이 낫다.

스타일맘 이혜원의 패션 노하우!

퍼는 직사광선과 습기, 악취를 피해 보관해야 한다. 또 곰팡이와 벌레에 약하기 때문에 외출 후에는 먼지를 털어 그늘에 보관해야 한다. 부피가 크기 때문에 미끄러지지 않는 옷걸이에 거는 것이 좋다. 옷장에 걸 때도 옷의 형태가 잘 유지되도록 다른 옷들과 충분한 간격을 두자. 열에도 약하므로 열 제품과 가까이 두지 말아야 한다. 모직과 마찬가지로 퍼도 드라이 클리닝을 자주하는 것은 좋지 않다. 얼룩이 생겼다면 곧바로 물에 적셔 손수건 등으로 가볍게 두들긴 다음, 따뜻한 바람에 말리자. 보관 중에 다른 옷에 눌려 털이 누워 버렸을 땐 헤어용 린스를 스프레이에 담아 뿌린 후 바람에 말리면 털이 원상복귀된다. 머플러나 모자 같은 퍼 아이템도 충분히 건조시킨 후에 부직포에 넣어 보관하면 좋다. 우리 집에는 동대문에서 구입한 주머니가 있다. 이것의 용도는 퍼 아이템을 보관할 때 사용하는 것으로, 보관이 쉽고 퍼도 손상 없이 보관할 수 있다.

센스 감각을 돋보이게 하는 소재

다양한 퍼의 종류를
알아보자!

★ 토끼털
가장 저렴한 털로, 캐주얼한 스타일이 가능해 퍼에 처음 도전하는 이이에게 적합하다.

★ 너구리털
라쿤이라고도 불리며 털이 길고 약간 뻣뻣하다. 보는 각도에 따라 색감이 다르게 느껴지는 아이템으로 보통 후드 장식이나 머플러에 쓰인다.

★ 양털
펌 헤어를 연상시키는 꼬불꼬불한 모양 때문에 사랑스럽고 에스닉한 느낌을 준다.

★ 여우털
털이 길고 부드러우며 보온성이 탁월해 겨울용 코트에 많이 사용된다.

★ 무스탕
생후 1년 정도 된 양의 가죽과 털 양면을 그대로 살려서 만든 것으로, 고급스러움이 느껴지는 에비에이터Aviator 재킷, 코트에 주로 쓰인다.

아이라서 더 예쁜 패턴
도트

인상을 달라 보이게 하는 패턴

Dot

누구에게나 익숙한 단어 '땡땡이'. 도트 패턴을 흔히들 그렇게 부른다. 어느 날 아무 생각 없이 "리원아, 땡땡이 원피스에 카디건을 입자." 하고 툭 내뱉은 말에 돌아온 리원이의 대답은 뜻밖이었다. "엄마, 땡땡이 오~노! 닷 원피스 입으라는 거죠?" 하고 말한 것이다. 제 딴에는 자신이 좋아하는 패턴의 이름을 엄마가 잘못 발음한 것으로 생각한 것이지만 결과적으로는 아주 재치 있는 대답이 되었다.

영화나 드라마를 보면 시골에서 갓 상경한 사람들이 도트 패턴의 원피스를 입거나 스카프를 두른 모습으로 등장한다. 토트 패턴은 한편으로는 촌스러운 이미지가 있을지 몰라도, 우리 아이들이 입으면 이야기가 달라진다. 어쩌면 이렇게 귀여울까 싶은 블라우스와 스커트 등이 많기 때문이다. 그러니 딸아이와 함께 외출할 땐 도트 패턴의 원피스로 발랄함을 한껏 살려 보자.

1950~70년대를 휩쓸었던 도트는 과장된 귀여움의 연출이었다면 지금의 도트는 사계절 두루 즐겨 입을 수 있는 키치한 귀여움을 선사한다. 상큼한 봄날에는 무릎 정도의 원피스에 도트 문양이 새겨진 루스 삭스와 샌들을 매치하면 사랑스러울 뿐 아니라 봄날의 기분까지 업그레이드할 수 있다. 여름에는 원피스도 좋지만 쇼츠로 활용하면 더욱 예쁘다. 이때 옷의 디테일은 최대한 심플해야 아이가 야외에서 활동하는 데 무리가 없다. 가을에는 머플러로 활용해 보자. 화이트 바탕에 블랙 도트가 새겨진 머플러는 시선을 위로 집중시키는 효과뿐 아니라 묶는 스타일에 따라 이미지도 변화무쌍해 우리 모녀가 무척 좋아한다. 한겨울에는 도톰한 카디건과 풀오버로 도트의 귀여운 매력을 만끽하자. 도트가 옷을 더 포근하게 만들어 주므로 크리스마스 분위기에도 잘 어울린다.

도트 프린트의 옷을 입을 때는 주의할 것이 있다. 첫째, 다른 의상에 크게 영향을 주지 않을 정도로만 받쳐 입어야 한다. 둘째, 원의 크기가 크면 클수록 전체 룩은 촌스러워지니 크기를 감안해서 입혀야 한다.

스타일맘 이혜원의 패션 노하우!

도트가 부담스럽다면, 마이크로 미니 사이즈의 도트를 선택하거나 바탕이 되는 컬러와 큰 차이가 없는 도트를 고르면 부담없이 입을 수 있다. 아이가 커서 귀여운 도트 패턴의 옷이 어울리지 않을 거라고 단정 짓지 말자. 아기자기하고 귀여운 제품이 시중에 많으니 아이와 함께 골라 보는 것도 좋은 추억이 될 것이다.

인상을 달라 보이게 하는 패턴

물방울 무늬인
도트의 종류를 알아보자!

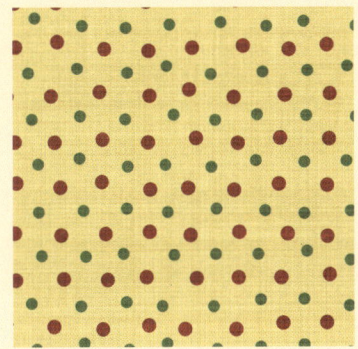

핀 도트 Pin Dot
가장 작은 물방울 무늬

폴카 도트 Polka Dot
중간 정도 크기의 물방울로 가장 많이 쓰이는 무늬

컨페티 도트 Confetti Dot
다양한 물방울 크기로 이루어진 무늬

달마시안 스폿 Dalmatian Spot
달마시안처럼 흰 바탕에 크고 작은 물방울 무늬가 가지런하게 배열된 무늬

시크한 매력의 패턴
스트라이프

인상을 달라 보이게 하는 패턴

Stripe

독일에서 지내던 당시, 교복을 입은 아이들이 하도 예뻐서 한참을 바라보다가 메모까지 한 적이 있다. 그레이 색상의 스트라이프 카디건과 네이비 색상의 코듀로이 반바지였는데, 유럽 특유의 시크한 멋이 아이들의 교복에까지 영향을 주었나 싶을 정도로 스트라이프의 매력을 십분 활용한 교복 스타일링이었다. 덕분에 나는 아이들을 깔끔하게 입혀야 할 자리가 생길 때면 스트라이프를 응용한다.

17세기에는 스트라이프 패턴이 사회 질서를 문란하게 만든다고 해서 터부시했지만, 18세기에는 혁명이나 독립 등 자유의 상징으로 여겨지면서 긍정적인 이미지로 바뀌었다. 그 후 경쾌한 스트라이프의 리듬감을 운동선수의 유니폼에 활용하거나 여름의 대표적인 마린 룩으로 이용하였으며, 현재는 '패션계의 스테디셀러'라고 불릴 정도로 인기가 많다.

스트라이프 티셔츠는 스타일에 관심이 많은 사람들이 더 선호한다. 이들은 티셔츠 하나도 아무거나 입지 않으니까 말이다. 스트라이프 티셔츠는 어떻게 입느냐에 따라 로맨틱하거나 시크해질 수 있다. 또한 시기와 유행을 크게 따르지 않는 아이템이라는 것도 많은 사람이 즐기는 이유 중 하나이다.

스트라이프는 굵기가 약간만 달라져도 전혀 다른 느낌을 준다. 굵은 간격은 부드러운 인상, 얇은 간격은 활기차게 느껴진다. 또 패턴 자체가 포인트가 되기 때문에 다른 아이템은 심플하게 매치하는 것이 좋다. 프렌치 시크의 상징인 스트라이프로 역동적이면서도 세련된 스타일링을 시도해 보자. 조금만 신경 쓰면 그리 어렵지 않다. 티셔츠로 입을 때에는 겉옷이나 하의를 그레이나 네이비 등의 컬러로 차분하게 마무리하는 것이 좋다. 말하자면 스트라이프 티셔츠를 포인트로 입는 것이다. 베네통이나 갭의 광고 비주얼에 종종 등장하는 멀티 패턴은 감각적인 엄마라면 도전해 볼 만하며, 청바지 위에 스트라이프 티셔츠를 매치하면 스쿨 룩처럼 세련된 스타일을 완성할 수 있으니 꼭 한번 활용해 보길 바란다.

스타일맘 이혜원의 패션 노하우!

아이 옷을 생각 없이 고르게 되면 안 어울리거나 아이가 싫어할 수 있다. 인기 있는 브랜드나 유행하는 패턴보다는 우리 아이에게 가장 잘 어울리는 패턴과 컬러 정도는 엄마가 파악하고 있어야 한다. 수고롭더라도 옷장을 다시 정리해 보자. 아이템을 일일이 패턴과 컬러별로 분류한 다음, 아이에게 입혀 보는 수고를 미리 한다면 앞으로는 옷을 산 뒤 후회하는 일이 크게 줄어들 것이다.

인상을 달라 보이게 하는 패턴

멋진 스트라이프의
종류를 알아보자!

다이애거널 Diagonal
비스듬한 줄무늬로 구성된 무늬

마드라스 Madras
캐주얼용 셔츠에 많이 쓰이는 무늬

마린 Marine
흰색과 네이비 블루가 서로 교대로 배열된
마린 룩 스타일의 무늬

도티드 Dotted
물방울 무늬를 세로로 늘어 놓은 무늬

개성이 강한 패턴
체크

● 인상을 달라 보이게 하는 패턴

Check

리원이는 여자아이라서 그런지 체크 같은 패턴도 무난하게 잘 소화한다. 하지만 리환이는 까무잡잡한 피부에 상체와 머리가 다소 큰 편이라 어려서부터 아빠에게 귀여운 구박을 받기 일쑤였다. 어느 날 신경 써서 셔츠를 입혔는데 남편은 보자마자 "누나는 셔츠가 잘 어울리는데, 아들은 왜 이렇게 촌스러운 거야!" 하고 장난스럽게 구박을 했다. 나는 그 옆에서 리환이가 아직 어려 그 말의 뜻을 잘 몰랐기에 다행이라고 생각하면서도 남편의 말투 때문에 웃음이 나오는 것을 참을 수 없었다. 결국 나도 웃느라 본의 아니게 동의한 상황이 되고 말았다.

어린 딸이 가장 많이 신었던 아이템은 체크 천으로 된 로퍼 신발이다. 레드와 화이트 그리고 블랙 컬러가 조화를 이룬 타탄 체크로, 어디에나 잘 어울리며 경쾌한 느낌까지 주는 신발이라 아이도 무척이나 좋아한다. 얼마 전에 다크 그린 색상의 체크 스커트를 화이트 블라우스, 그레이 색상의 아가일 니트 스웨터와 함께 입힌 적이 있다. 단정하면서도 깔끔해서 유치원에 가거나 할머니 댁에 갈 때 종종 입힌다.

유행을 타지 않는 블랙 재킷처럼 누구나 가지고 있지만 포멀하거나 캐주얼하게 변신할 수 있는 만능 재주꾼인 체크는 밋밋한 룩을 패셔너블하게 바꿔 주는 감초 역할을 한다. 덕분에 빈티지한 체크 재킷 한 장이면 시크한 파리지앵, 패셔너블한 뉴요커도 부럽지 않다. 빈티지함은 일정 기간이 지나도 광채를 잃지 않는 매력을 갖고 있다. 사람에 따라 촌스럽다고 생각하기도 하지만 사회 전반적으로 빈티지라는 이름으로 많은 아이템이 다시 나왔고, 나름대로 인기를 끌었다. 그러나 때때로 촌스러움과 빈티지함의 아슬아슬한 경계를 오가기도 해 조금만 잘못 입으면 올드 패션이 될 수 있으니 주의해야 한다. 어울리는 소품을 제대로 매치할 수만 있다면 체크 패턴의 어떤 아이템이든지 새롭게 코디할 수 있을 것이다.

스타일맘 이혜원의 패션 노하우!

'지나침은 모자람만 못하다.' 라는 말처럼, 패턴을 현란하고 과장되게 입히면 촌스럽기 그지없다. 눈을 어지럽게 만드는 패턴이라면 단색의 아이템을 매치해 세련미를 더하자. 이때 주의해야 할 점은 패턴 안에 있는 컬러 중 하나를 선택해야 한다는 것이다. 블랙 터틀넥에 체크 프린트의 스커트를 더해 페미닌한 무드를 연출하거나 점프슈트에 스포티한 아노락을 매치하는 식으로 패턴의 색깔을 다운시키자. 만약 체크 무늬 안에 튀는 색이 포함되어 있다면, 캐주얼한 느낌이 강하므로 포멀한 스타일에는 피하는 것이 좋다. 개인적으로는 얇은 체크보다 굵은 체크를 추천한다. 간격이 넓은 패턴은 안정적으로 보여서 아이들의 단정한 이미지에 더없이 잘 어울린다.

◆ 인상을 달라 보이게 하는 패턴

자주 쓰는 체크의
종류를 알아보자!

깅엄 Gingham
격자 무늬로 단순하고 스포티한 느낌이며,
컬러에 따라 스타일이 바뀌는 무늬

타탄 Tartan
굵기가 서로 다른 선 3~4개가 바둑판처럼
엇갈려 있어 고전적이고 경쾌한 느낌의 무늬

아가일 Argyle
주로 니트웨어에 사용되는 패턴으로 따뜻한
분위기를 느낄 수 있는 무늬

글렌 Glen
작은 체크가 모여 큰 체크를 이룬 모양이며,
깔끔하면서 빈티지한 분위기의 무늬

하운드투스 Houndtooth
대체로 클래식한 분위기를 나타내는 무늬

여자아이를 위한 패턴
플로럴

인상을 달라 보이게 하는 패턴

Floral

결혼 후 외국 생활을 하는 동안 남편이 바빠지는 훈련 기간에는 아이와 함께 새로운 것을 배우러 다녔다. 프랑스에 있을 때부터 배우기 시작한 꽃꽂이는 꽃에 대한 아이의 관심을 높이는 계기가 되었다. 그래서인지 딸아이는 레이스가 치장된 공주풍의 의상보다 담백한 플로럴 패턴의 옷을 더 좋아한다. 실제로 아이의 옷장 안에는 티셔츠부터 블라우스, 점프슈트, 신발까지 활짝 핀 꽃무늬로 가득하다.

나이를 불문하고 대부분의 여자들은 꽃을 보면서 즐거워하고 행복해한다. 그런 감성을 자신의 패션에도 적용시키고 싶은 충동이 있어서일까. 해마다 봄이 되면 유아복 매장은 꽃밭처럼 눈이 화사해진다. 특히 플로럴 패턴 하면 하늘하늘한 시폰 원피스가 가장 먼저 떠오른다. 이 아이템 하나만 입어도 금세 로맨틱한 소녀로 변신할 수 있어 우울할 때 착용하면 나도 모르게 기분이 좋아지는 사랑스러운 패턴이다.

딸아이가 무척 아끼는 플랫 슈즈가 있다. 길거리 좌판에서 단돈 2만 원 주고 산 은색 구두로, 앙증맞은 플로럴 비즈 장식이 앞코에 달려 있다. 하지만 안타깝게도 비즈 장식은 생각보다 쉽게 떨어졌고 그때마다 붙여 주었다. 하루는 유치원에 데리러 간다는 말없이 불쑥 마중을 나간 적이 있었다. 교문 근처에서 아이를 기다리는데, 뛰어나오는 다른 친구들과 달리 시무룩한 표정으로 터벅터벅 걸어 나오는 모습에 이유를 물어 보았다. 그러자 아이는 주머니에서 비즈 장식을 꺼내 보이며 운동장에서 뛰어 놀다가 또 떨어졌다고 울먹였다. 결국에는 다른 비즈를 구해 붙여 주었고 그것마저 낡아서 떨어질 때까지 참 열심히 신었다. 반짝이는 플로럴 비즈 장식에 애착이 있었던 것인지 지금도 리원이는 꽃무늬를 좋아한다.

스타일맘 이혜원의 패션 노하우!

아무리 꽃무늬가 예뻐도 과하면 촌스러워질 수 있다. 아주 커다란 패턴으로 시선을 끌고 싶다거나 패션쇼에서나 볼 수 있을 법한 기하학적인 패턴을 입고 싶은 것이 아니라면, 두 가지의 기본 룰을 명심하자.

첫째, 어떤 패턴이든지 패턴끼리 부딪치는 것은 좋지 않다. 복잡하면 시각적으로 부담스럽기 때문에 원 포인트로만 살리자. 액세서리는 전체 룩이 복잡하지 않도록 모자나 심플한 가죽 벨트 정도만 추가하는 것이 가장 좋다.

둘째, 꽃무늬를 조화롭게 매치하려면 함께 입는 옷 선택도 중요하다. 어떤 플로럴 패턴이든 매치하는 옷에 따라 전혀 다른 느낌을 줄 수 있으니 기존의 옷을 먼저 생각하고 컬러를 선택하는 것이 좋다. 데님은 난해한 패턴을 다운시켜 주는 아이템으로, 플로럴 프린트와 함께 코디하면 깔끔하면서도 발랄한 느낌을 줄 수 있다. 세련되게 스타일링할 자신이 없다면 가지고 있는 데님 아이템과 함께 입는 것이 현명하다.

인상을 달라 보이게 하는 패턴

사랑스러운 플로럴의
종류를 알아보자!

클래식 플로럴 Classic Floral
고전적이며 섬세한 무늬

스타일라이즈드 Stylized
도안처럼 패턴화된 무늬

빅토리안 친츠 Victorian Chintz
중후한 분위기를 풍기는 무늬

조심조심 입어야 제맛인 패턴
애니멀

> 인상을 달라 보이게 하는 패턴

Animal

동물의 가죽 무늬를 뜻하는 애니멀 프린트는 아이 옷으로 입기에는 이미지가 강해 부담스러워하는 엄마가 많다. 하지만 몇 년 전부터 다시 애니멀 프린트에 대한 관심이 높아지고 있으며 예전과 달리 베이식한 모노 톤 의상에 시크한 멋을 더해 주기 위해 활용하는 추세이다. 토트 백부터 안경테와 시계, 수영복과 네일 아트까지 아이템으로써 포인트 효과를 톡톡히 하고 있다.

화려한 이미지로 각인된 애니멀 프린트(일명 '호피 무늬')를 쉽게 연출할 수 있는 방법이 있다. 바로 한 가지 아이템으로 포인트를 주고 나머지 아이템들의 컬러를 통일시켜 주는 것이다. 쉽게 말해서 지브라 프린트의 티셔츠만 강렬한 느낌을 살리되 팬츠와 신발은 모두 모노 톤으로 맞추면 시선이 분산되지 않기 때문에 더욱 패셔너블해진다. 반대로 신발만 포인트를 주고 싶다면 의상은 모두 톤 다운시키자. 플랫 슈즈는 리본 장식이 가미된 것을 선택하는 것이 좋다. 특유의 귀여움이 다소 무겁게 느껴지는 애니멀 프린트를 또 다른 분위기로 전환시켜 줄 것이다.

애니멀 프린트를 시도하고 싶지만 튀지 않고 은은하게 스타일링하고 싶다면, 부드러운 소재와 옅은 컬러, 그리고 밀도가 낮은 애니멀 프린트의 아이템을 선택하는 것이 현명하다. 포근한 레오파드 패턴의 니트와 디테일이 절제된 팬츠와의 스타일링은 세련된 연출법이다. 여기에 살짝 컬러감이 있는 라이딩 부츠를 곁들이면 어떠한 상황에서도 멋스러운 매력을 뽐낼 수 있다. 또 플랫 슈즈나 가방의 손잡이 등 작은 부분을 포인트로 활용한 아이템은 부담 없이 활용할 수 있다.

레오파드는 코트로 걸치기에는 강한 스타일이라 부담될 수 있다. 메리 제인 슈즈나 손가방 등의 액세서리로 활용하면 훨씬 세련되게 스타일링이 가능하다. 단, 절대로 온몸을 애니멀 프린트로 휘감지는 말자.

스타일맘 이혜원의 패션 노하우!

무늬 그 자체만으로도 충분히 눈에 띄기 때문에 함께 입는 옷의 색상은 블랙이나 베이지 계열이 적당하다. 아이에게 색다른 분위기로 연출하고 싶다면, 과감하게 광택 액세서리나 메탈 느낌의 레오파드 패턴을 활용하자. 아직 어린아이라면 발랄하고 위트 있는 스타일로 받아들여질 수 있다.

인상을 달라 보이게 하는 패턴

개성 만점인 애니멀의
종류를 알아보자!

지브라 Zebra
생동감 있는 룩에 어울리는 얼룩말 무늬

스네이크 Snake
색다른 유니크함을 주는 무늬

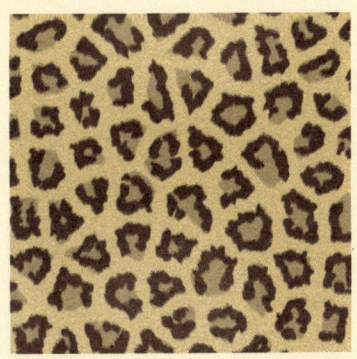

레오파드 Leopard
강렬한 인상을 주는 표범 무늬

송치 Calf
중후한 분위기를 풍기는 무늬

에스닉 스타일의 대표 패턴
페이즐리

인상을 달라 보이게 하는 패턴

Paisley

어린 시절에는 페이즐리를 엄마의 스카프와 아빠의 넥타이에서만 주로 볼 수 있었는데, 요즘에는 참으로 많이 활용되고 있다. 원피스나 블라우스, 스커트 등 옷에서부터 가방, 손수건, 지갑에 이르기까지 활용되는 아이템의 종류가 다양하며 무늬도 더욱 아름다워졌다. 물론 휴양지나 관광지에서는 평범한 패턴이지만, 일상 속 페이즐리 무늬는 여전히 독특하고 우아한 매력을 가지고 계속 진화하는 중이다.

페이즐리는 스코틀랜드의 원산지 이름에서 따온 직물로, 둥근 앞 부분과 휘어진 꼬리 무늬 사이에 섬세한 꽃과 잎새로 채워진 문양이다. 도시적인 모던함보다는 에스닉한 이미지가 가득한 페이즐리 무늬는 볼수록 매력적이다. 명품 브랜드를 가장 먼저 떠올릴 만큼 격식에 맞는 모임에만 어울리는 패션이라고 생각하기 쉽다. 그러나 이 무늬는 틀에 잡힌 룰보다는 자유로운 감성의 에스닉한 스타일로 연출해야 예쁘다. 아이들에게 에스닉한 스타일이 어렵다고 생각했다면, 이 스타일에 대한 편견을 조금 버릴 필요가 있다.

민속적인 의상과 염색, 자수 등에서 영감을 얻어 디자인한 패션을 통틀어 에스닉 스타일이라고 말한다. 쉽게 표현하면, 꼬마 인디언 소녀같이 꾸며 주거나 인도풍의 스커트 혹은 아프리카 원주민들의 비비디한 컬러 의상도 모두 에스닉 스타일로 꼽을 수 있다. 물론 부드러운 히피 스타일도 가능하다. 페이즐리 패턴이 아기자기하게 모여 있다면 이것 역시 에스닉 스타일이다.

브라운 컬러의 H라인 페이즐리 원피스에 데님 재킷, 레깅스만 레이어링해도 효과 만점이다. 이 믹스 앤 매치가 언밸런스하다고 여길 수 있으나 실제로는 그렇지 않다. 오히려 데님 재킷 특유의 구제 느낌이 페이즐리 원피스와 자연스럽게 어울리면서 캐주얼하게 즐길 수 있다. 여기에 얇은 가죽 팔찌나 머리띠를 착용하면 더할 나위 없이 멋스럽다. 이때 재킷은 짧은 크롭 기장으로 선택해야 어중간하게 보이지 않는다. 더욱 발랄한 소녀풍으로 즐기고 싶다면, 러플이 가미된 스커트를 선택하자. 치맛단에 달린 장식은 귀여움을 더해 주기에 그만이다.

이름은 같은 페이즐리라도 각기 다른 디자이너를 거치면 또 다른 느낌의 스타일이 탄생한다. 디자이너의 감정에 따라 다른 느낌의 패턴이 나오기 때문이다. 덕분에 다채로운 컬러와 디테일이 묘한 매력을 지닌 페이즐리 무늬로 스타일링에 신경을 쓰면 더욱 잘 입을 수 있을 것이다.

> 인상을 달라 보이게 하는 패턴

스타일맘 이혜원의 패션 노하우!

아이들에게 페이즐리 패턴의 옷을 입히면 의외로 자유분방하며 신선한 느낌이 든다. 거기에 에스닉한 느낌까지 더해져 이국적인 분위기도 풍긴다. 밋밋한 의상에 페이즐리 패턴의 스카프를 둘러 주거나 스커트만 입혀도 다른 패턴과는 사뭇 다른 느낌을 받을 것이다. 페이즐리의 컬러는 무척 다양하지만 처음 도전한다면 전체적으로 컬러가 비슷한 것을 선택하면 된다. 너무 화려해서 망설였다면 도전해 보자. 화려한 것 같으면서도 패턴들이 모여 독특한 분위기를 연출하기 때문에 포인트 아이템으로 활용하기 좋다. 화려한 모양과 강한 컬러의 페이즐리 패턴이라면 심플한 디자인을 선택하고, 다른 패턴이 있는 옷은 피하도록 한다.

딸아이에게 페이즐리 패턴의 튜닉 원피스를 입히면서 가죽끈 벨트를 허리에 세 번 둘러 주었다. 그런 다음에 브라운 컬러의 술이 달린 샌들을 신기고 머리에는 꼬마 인디언 소녀처럼 아주 얇은 머리띠를 해 주었더니 아이가 무척이나 좋아했다. 혹시라도 엄마의 패션 안목과 달리 아이가 유독 좋아하는 스타일이 있다면 최대한 존중해 주자. 함께 쇼핑하는 것 또한 소소한 행복이 된다.

아이와 패션을 공유할 수 있는 엄마가 얼마나 될까? 내가 먼저 아이에게 다가가자. 내가 다가간 만큼 아이도 나와 함께 해 줄 것이다. 우리가 그랬던 것처럼 아이들도 같은 마음일 것이다. 대개 엄마들은 임신했을 때 아이와의 로망을 꿈꾼다. 아이와 똑같이 예쁜 에스닉 스타일의 옷을 입고 아름다운 카페에 앉아 엄마는 카푸치노, 아이는 어린이 음료를 함께 마시는 것! 아이가 커 갈수록 어려운 일이겠지만, 아이와 공유하는 것이 많아질수록 로망은 현실이 될 수 있다.

때와 장소에 맞는 스타일이 따로 있듯이 센스 있는 엄마는 상황에 따라 패션 전략을 다르게 세운다. 보기에도 예쁜 홈웨어 룩부터 사랑스러운 생일 파티 룩과 감각적인 프렌치 시크 룩, 세련된 격식 룩 등 11가지 상황별 코디법으로 우리 아이를 패셔니스타로 만들어 보자.

Part 3
스타일맘 이혜원's
스타일링 스토리

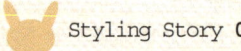
Styling Story 01

집에서도 스타일을 유지해
홈웨어 룩

진정한 홈웨어의 기준

나는 좀 과하다 할 정도로 외출복과 홈웨어의 차이가 크다. 심플한 외출복에 비해 홈웨어는 캐릭터가 잔뜩 들어가거나 컬러풀한 옷이다. 리원이가 좋아하는 구름 원피스도 그 중 하나이다. 파란 하늘에 흰 구름이 가득한 민소매 원피스로, 겨울에도 입겠다고 떼를 쓸 만큼 좋아한다. 그래서 본의 아니게 구름 원피스는 사계절용이 되었다. 여름에는 얇은 레깅스와 함께, 겨울에는 카디건과 두툼한 레깅스와 함께 입는다.

나는 부드러운 잠옷의 촉감을 좋아하는 탓에 잠자리는 늘 최고의 상태여야 한다. 가끔은 몸에 닿는 면의 느낌이 좋아 파자마를 다려 입기도 한다. 리원이도 나와 비슷한지 감촉이 좋은 잠옷을 선호한다. 이불이 살갗에 닿는 기분을 아이도 느끼나 보다. 한 번은 엄마아빠처럼 나이트 가운을 입겠다고 졸라서 사 줬더니 리본 묶기가 버거웠는지 결국 수영장에 갈 때 쓰는 용도가 되었다.

대개 아이들은 엄마 스타일을 좋아해 잠옷도 커플 룩으로 입는 것을 좋아한다. 그러니 아이와 똑같은 파자마로 집 안에서 편하게 입는다면 아이에게 좋은 추억이 될 것이다. 물론 홈웨어와 잠옷을 어떤 옷으로 입어야 한다는 법칙은 없다. 다만 집에서 보다 편히 쉴 수 있는 옷이면 된다. 여기에 엄마가 조금만 더 신경 쓰면 드라마나 영화에 등장하는 배우들 못지 않은 근사한 홈웨어 룩을 연출할 수 있다.

드라마나 영화에서 예쁘고 멋지게 하고 있는 주부의 모습이 부러울 때가 있다. 하지만 아이를 키우는 엄마는 집에서 양치할 시간도 없을 만큼 바빠서 자신은 물론 아이까지도 내복에 의존하곤 한다. 하지만 홈웨어가 패션의 시작이다. 나 역시 홈웨어는 '편하면서도 동시에 스타일리시함'을 갖춰야 한다고 생각한다. 예고도 없이 손님이 방문하거나 잠시 나갈 일이 생길 경우를 대비해 마냥 편안한 스타일보다는 보기에도 예쁜 홈웨어 룩으로 연출하자.

모녀가 함께 커플로 맞춘 홈웨어 룩!

홈웨어를 고를 때 주의사항!
아이들은 땀을 자주 흘리기 때문에 땀 흡수가 되는 소재인지 세심하게 관심을 기울여야 한다. 특히 여자아이들은 더운 여름에도 배와 엉덩이는 따뜻하게 유지해야 하니 스타일링할 때 각별히 신경을 쓰자.

 Styling Story 02

비오는 날에도 예쁘게 코디해
레인룩

아이들을 위한 레인 룩

비가 오는 날에는 길고 치렁치렁한 옷은 굉장히 불편해진다. 아이에게 긴 청바지를 입혔다가 엉덩이에 땀띠가 나거나, 바짓단이 젖어 하루 종일 찝찝하게 보내거나 또는 양말이 홀딱 젖어 맨발로 집에 돌아오기도 한다. 예쁘게 입히는 것도 좋지만 때를 구별해서 입혀야 한다. 특히 장마철에는 가볍게 걸어 다닐 수 있는 스타일링이 좋다. 길이가 긴 팬츠와 스커트, 물이 묻으면 무거워지는 코듀로이나 청바지 같은 종류는 피하는 것이 좋다. 양말이 젖지 않도록 레인 부츠를 신기는 것도 좋은 방법이다. 단 건강을 위해서 맨발에 신기보다는 면 양말을 신는 습관을 들이자.

아무리 더운 여름이라도 비가 오면 추워하는 아이들이 있다. 여러 명이 함께 공동생활을 하는 경우 한 아이만을 위해 난방을 한다는 건 힘든 일이다. 이럴 때 추위를 타는 아이에게 보온성이 좋은 카디건은 필수품이다. 가볍게 들고 다닐 수 있는 얇은 카디건과 양말을 따로 담아 보낸 다음 유치원 선생님께 미리 전화하는 센스를 발휘하면, 비 오는 날에도 아이는 걱정 없이 편안한 유치원 생활을 할 수 있다.

얼마 전 리원이는 꽃 무늬가 새겨진 레인코트를 사 달라고 조르기 시작했다. 일년에 몇 번 안 입게 될지라도 아이가 조금씩 자랄수록 보는 눈도 키워지는 것이니, 의견을 잘 들어주는 것 또한 엄마의 기본이라 생각한다. 그러니 어차피 사 줄 요량이라면 아이 눈에 가장 좋은 것으로 골라 주자.

오늘도 내일도 비가 오는 장마철에는 옷 입히기에 제약이 많다. 어른들보다 온도에 민감해서 신경 써야 할 것이 많아진다. 그럴 때 나는 아이들에게 선명한 컬러의 옷을 입힌다. 비 오는 날은 평소보다 어둡기 때문에 어두운 컬러의 옷은 눈에 안 띄어서 위험하다. 예전엔 왜 밝은 색상의 옷을 입혀야 하는지 몰랐는데 아이가 크고 보니 이제야 그 뜻을 이해하게 되었다.

비오는 날에는 노랑색 레인코트가 필수랍니다!

 **레인 부츠를 고를 때 주의사항!**
부츠의 발바닥이 미끄러움을 방지할 수 있는 재질인지, 발에 물이 스며들지 않게끔 방수력이 뛰어난지 체크하자.

 Styling Story 03

사랑스러운 주인공으로 변신해
파티 룩

콘셉트에 맞는 원피스로 스타일 살리기

이제 파티는 우리나라에서도 빼놓을 수 없는 문화의 일부분이 되었다. 임신을 했을 때도, 아이를 낳기 전에도, 아이의 생일에도, 기념일 등 크고 작은 파티가 많아졌는데 신기하게도 엄마들은 파티 때마다 자신보다 아이의 패션부터 챙기게 된다. 나의 경우 파티의 주인공으로 화려하게 입히기는 하지만 대체적으로 클린한 느낌의 미니멀 원피스를 선호하는 편이다. 리원이가 어렸을 때는 드레스를 입히기도 했지만, 아이가 크다 보니 드레시한 의상은 즐겁게 뛰어놀지도 못할 뿐만 아니라 과한 느낌마저 든다. 특별한 날이라고 너무 화려하게 꾸며 주기보다는 아이에게 잘 어울리는 스타일을 다듬어서 돋보이게 해 주는 것이 훨씬 낫다. 가장 예뻤다고 기억되는 재작년 딸아이의 생일 파티 때는 연한 살구빛이 도는 단정한 원피스를 입혔는데, 과하지 않은 데다 치마 길이도 적당해 아이도 무척 좋아했다. 작년 생일 파티에는 말레이시아 친구가 전통 의상을 입고 참석했다. 한창 공주 스타일에 빠져 있는 아이는 싫을지 몰라도 엄마의 눈에는 무척 예쁘고 센스 있어 보였다.

헤어 스타일은 앙증맞은 머리핀을 포인트로 주거나 영화배우 올리비아 핫세처럼 양옆으로 땋아 주는 것도 좋다. 특별한 날에는 생일 파티에 참석한 모든 이에게 화관을 씌워 주는 스웨덴의 풍습처럼, 생화로 만든 얇은 화관을 씌워 주거나 가슴에 코사지를 달아줘도 예쁘다. 신발은 원피스 컬러에 맞춰 단정한 플랫 슈즈나 메리제인 슈즈를 고르자. 친구들과 뛰어놀기도 편하고, 단정한 원피스와 잘 어울리니 일석이조이다.

엄마들이 가장 신경을 쓰는 파티는 다름 아닌 아이의 생일 파티다. 아이가 어릴 땐 엄마의 입장에서 판단하는데 이제는 아이의 의견을 반영해 준비하자. 열심히 준비한 생일 파티는 아이에게 기분 좋은 추억으로 남을 뿐 아니라 친구들과의 관계도 돈독해지기 때문에 생일 파티는 잘 챙겨 주고 볼일이다. 게다가 아이와 규칙을 정할 때나 기준을 만들 때 잘 챙겨 준 파티는 든든한 지원군이 되기도 한다.

깜찍한 프릴이 달린 원피스를 입고 찰칵!

파티 의상을 고를 때 주의사항!
생일 파티의 주인공이라고 해서 욕심껏 입히다 보면 너무 튈 수 있다. 생일 파티라는 콘셉트에 맞게 톤 온 톤 컬러로 입히자. 여기에 깜찍한 티아라나 리본 핀을 더해 주면 더욱 멋스럽다.

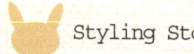
Styling Story 04

봄날의 소풍처럼 발랄해
피크닉 룩

말괄량이 삐삐처럼, 때론 빨강머리 앤처럼

나는 동물원이나 놀이공원처럼 걷거나 뛰는 일이 많은 나들이의 경우, 아이에게 스포티 캐주얼 스타일로 입힌다. 엄마 아빠와 놀거나 동생과 뛰어다니며 곤충과 동물도 관찰해야 하는데 롱 원피스나 짧은 스커트 차림으로 뛰어놀다가 넘어지면 잔디에 다리가 긁히는 건 예삿일이기 때문이다. 더구나 화장실에 가기에도 불편하고 돗자리 위에도 편히 앉지 못한다. 그래서 소재나 컬러 등을 고려해 엄마는 청바지나 서스펜더 팬츠에 피케 셔츠로 맞추고 아이는 가벼운 후드 집업 점퍼와 함께 헌팅캡, 스니커즈를 보태어 입히자. 이러면 엄마와 함께 만든 피크닉 도시락을 즐겁게 나눠 먹거나 돗자리 위에 다같이 누워 책도 읽고, 음악도 들으며 느긋하게 휴식을 취하는 즐거움을 마음껏 누릴 수 있다. 참고로 공원에는 벌레가 많아 과일과 달콤한 음료수는 위험하다. 과일을 담아 간다면 껍질을 제거하고 먹을 만큼만 가져 가는 것이 좋다. 음료수 역시 먹은 뒤 바로 버리는 것이 좋다.

반대로 가까운 공원에서 즐기는 피크닉은 내추럴한 스타일로 통일한다. 동화에 나오는 소녀 느낌이 물씬 풍기는 원피스에 양갈래 머리를 하고 왕골로 짠 모자를 쓰고 피크닉 가방에 샌드위치와 과일을 넣어 다니곤 한다. 이를테면 부드러운 감촉의 쇼츠에 귀여운 플라워 블라우스와 플랫 슈즈를 매치하는 식으로 말이다.

남편이 쉬는 주말에는 간단하게 도시락을 싸서 가족끼리 집 앞의 공원에 나가곤 했다. 그럴 때마다 언제나 아이는 아빠와 신나게 뛰어다니며 자연을 만끽하곤 했다. 나는 자연의 다양하고 아름다운 모습을 자주 보여 주는 것이 얼마나 중요한지를 아이의 모습을 통해서 깨닫게 되었다. 좋은 곳을 찾아 멀리 가는 것도 좋지만 가까운 공원에 자주 데리고 가는 것이야말로 아이들과의 진짜 피크닉임을 알게 되었다.

가까운 공원에서 신나게 놀아요.

 **나들이 옷을 고를 때 주의사항!**
수목원이나 수족관 등 가볍게 다녀올 수 있는 나들이라면, 빨강머리 앤처럼 소녀풍의 아일렛 소재의 원피스를 추천한다. 이때 레깅스나 니삭스를 덧신어 벌레에 물리거나 잔디에 긁히지 않도록 하자.

Styling Story 05

파리지앵 감성처럼 시크해
프렌치 룩

워너비 프렌치 스타일

요즘은 어른들뿐만 아니라 아이들 옷까지도 유러피언 스타일을 선호한다. 특히 프랑스 브랜드는 톤다운된 컬러와 심플한 디자인으로 엄마들에게 인기몰이 중이다. 그렇다면 이러한 브랜드의 옷을 입히기만 하면 우리 아이도 파리지앵처럼 스타일리시해질 수 있는 걸까? 전혀 아니다. 파리지앵의 패션은 옷장에 있는 베이식한 아이템과 트렌디한 아이템을 적절히 활용한 스타일링이라고 할 수 있다. 베이지 컬러의 트렌치 코트와 블랙 진, 루스한 크롭 팬츠와 카디건에 베레모가 잘 어울리도록 매치하는 것, 이것이 바로 시크한 파리지앵의 스타일이라고 할 수 있다.

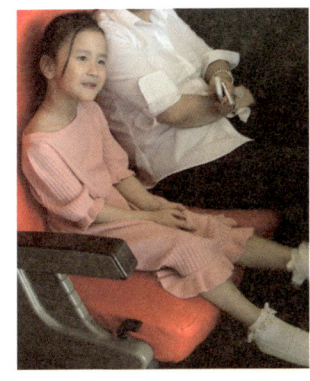

티셔츠를 레이어링해서 입어도 조금 더 특별하게, 아이와 잘 어울리게 하는 방법을 엄마가 찾아서 입혀야 한다. 브랜드 카탈로그에서 막 튀어나온 모델처럼 잘 차려입기보다는 우리 아이만의 멋진 모습이 돋보이는 방법을 찾아서 입히자. 예를 들어 엉덩이가 예쁘면 잘 어울리는 스키니와 허리선까지만 오는 얇은 니트로 엉덩이가 돋보이도록 해주거나, 다리가 길고 예쁘다면 예쁜 미니스커트와 얇은 레깅스 그리고 단순한 티셔츠 등으로 다리를 돋보이게 해 줄 수 있다. 나 역시 최근에 딸아이의 스타일에 프렌치 감성을 살짝 더해 보았다. 네이비 색상의 트렌치 코트 안에 플리츠 스커트와 블라우스를 입히고 빨간색의 플랫 슈즈와 비슷한 컬러의 머리핀을 매치함으로써 내추럴한 스타일링이 예쁘다는 소리를 여러 번 들어 기분이 좋았다.

프렌치 시크 룩은 과하지 않는 것이 필수랍니다.

프랑스에서 지내던 곳은 파리에서 좀 떨어진 한적한 시골이었다. 바쁜 도시 생활만 했던 나에게는 신선한 충격이었고, 어린 딸에겐 엄마와 함께 수많은 곳을 여행할 수 있었던 추억의 도시다. 기억에 남는 것은 다른 사람들의 시선을 의식하지 않고 자신만의 스타일을 살려 멋지게 입은 사람들이 많았다는 것이다. 그러니 유행이나 새로운 것에 연연하지 않고 자신만의 스타일을 찾는 방법을 어려서부터 익힐 수 있게 도와 주자. 그것이 진정한 파리지앵 스타일이다.

트렌치 코트를 고를 때 주의사항!
아이의 얼굴색과 맞는 컬러에 방수와 방풍 기능이 있는 소재인지 필히 확인하자. 또래에 비해 키가 작다면 기장이 아주 짧은 디자인을 선택하는 것이 좋다.

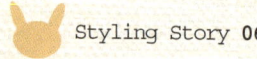
Styling Story 06

중성적인 매력이 가득해
보이프렌드 룩

톰보이처럼 보이시한 아이로 변신하기

아이가 한 가지 옷만 입겠다고 떼를 쓰는 경우가 종종 있다. 이럴 때에는 다른 옷의 장점을 직접 보여 주고 아이가 이해할 수 있도록 설득하자. 무작정 치마를 권유하기보다는 기초적인 생각부터 조금씩 변화를 주는 것이 필요하다. 물론 엄마는 훨씬 어렵고 힘들겠지만 말이다. 다행스럽게도 남자아이처럼 보이고 싶어 하는 아이에게는 요즘 트렌드에 맞는 스타일이 있다. 활동성을 강조하면서도 스타일링이 쉬운 보이 프렌드 룩이 바로 그것이다.

이름 그대로의 남자아이처럼 입히는 보이 프렌드 룩은 식상하다. 매니시한 야구 점퍼나 블레이저에 카고 팬츠와 가볍고 헐렁한 니트나 티셔츠를 매치하고 여성스러운 컬러의 스카프나 머플러, 가방, 헤어 액세서리 등을 활용하여 여성적인 디테일을 살리는 것이 포인트다. 이때 점퍼나 재킷은 한 치수 크게 입히는 센스를 발휘한다. 신발은 발목까지 오는 워커가 잘 어울린다. 보이 프렌드 룩은 레이스와 핑크 컬러의 로맨틱한 의상만큼 여성스러우면서도 트렌디하고 활동적인 매력으로 뽐낼 수 있다.

아이들은 매일 자라기 때문에 오늘의 문제가 내일은 아무렇지도 않게 사라질 수도 있다. 아직은 잘잘못을 확실하게 구분하지 못하는 아이 옆에서 문제를 계속 지적하거나 화를 내고 야단을 친다면, 아이는 고치기보다 더욱 심각하게 받아들여 문제를 키울 수 있다. 아이가 남자아이처럼 입고 싶어 한다면 아이와 왜 그렇게 생각하게 되었는지 이야기를 나누어 보고, 인터넷에서 원하는 스타일링 사진을 찾아서 보여 주거나 또래 친구의 스타일을 추천해 주는 것도 좋다.

아무리 아이가 남성스럽게 입고 싶다고 하더라도 엄마가 곳곳에 여성미가 가미된 액세서리와 소품을 활용해 주면 전체적인 스타일은 개성이 넘치는 보이 프렌드 룩으로 연출할 수 있다.

활동하기 좋은 크롭 팬츠와 매치하는 센스!

 **바지만 고집하는 아이를 위한 처방!**
'오늘은 이것을 입고 가는 날'이라고 아이와 규정을 정해 놓으면 대부분의 아이들은 엄마 말을 듣는다. 꼭 여성스럽게 입고 가야 하는 날이라면, 미리 여러 번 아이와 약속을 하고 이야기하자. 그러면 당일날에는 아주 편하게 엄마의 요구를 들어줄 것이다.

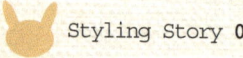
Styling Story 07

다른 듯 같은 느낌을 연출해
커플룩

아이와 함께라서 더욱 좋은 트윈 스타일

늘 리원이는 엄마와 함께하거나 따라 하길 좋아한다. 가끔 내가 헤어 스타일을 바꿀 때면 함께 가는데, 얼마 전 헤어숍에서 머리 모양 바꿀까 하고 넌지시 물으니 "엄마랑 똑같이요!" 하고 대답하기도 했다. 엄마인 입장에선 기분이 좋을 뿐만 아니라 무언가 말로 표현할 수 없는 뭉클한 감정이 느껴졌다.

딸아이는 그레이 컬러의 코트와 반바지에 모자와 부츠를 신고 나는 톤 다운된 그레이 색상의 가죽 재킷과 크롭 팬츠를 입고 부츠를 신은 적이 있다. 둘이 일부러 맞춘 것도 아니었는데 소재는 달랐지만 비슷한 분위기의 스타일링을 해 신기하면서도 무척 즐거웠다. 지나는 거리 쇼윈도에 비친 우리의 모습은 마치 잘 짜여진 영화의 한 장면 같았다.

아이와 편하게 입을 수 있는 커플 룩 아이템을 소개하자면, 튜닉 형태의 원피스를 활용하는 방법이다. 아이나 엄마 모두 하나씩 가지고 있을 만한 기본 아이템으로 같은 디자인이 아니어도 된다. 여름엔 원피스만 입거나 봄·가을에는 카디건을 입거나 안에 비슷한 컬러의 티셔츠를 레이어링하면 깔끔한 커플룩으로 제격이다. 같은 디자인보다 스타일이 비슷한 아이템을 활용하면 훨씬 센스 있는 커플 룩이 만들어진다. 거기에 톤 온 톤 컬러 매치를 커플 룩에 활용하면 더욱 스타일리시해 보인다. 전체적으로 아이와 비슷한 느낌을 준다는 생각으로 커플 룩을 입으면 훨씬 편하고 멋지게 스타일링할 수 있다. 아이와 함께라서 더 빛나는 엄마의 모습을 커플 룩으로 보여 주자. 아이가 나의 포인트가 되어 스타일을 완성해 주는 것, 생각만 해도 멋지다.

여자아이들은 엄마를 롤 모델로 생각하고 엄마의 행동 하나하나를 동경하는 경향이 있다. 그래서 잘못을 저질렀을 때도 나는 먼저 화를 내기보다 "엄마 같으면 이렇게 안 했을 것 같은데 리원이는 왜 이렇게 했을까?" 하고 질문을 하거나 차근차근 잘못된 행동에 대해서 설명을 해 준다. 그러면 신기하게도 아이는 엄마의 말을 잘 알아 듣고 잘못된 행동을 조금씩 고친다.

엄마와 함께라서 더욱 즐거운 시간들

Style Tip

자꾸만 엄마를 따라 하는 아이를 위한 처방!
아이들은 가장 사랑하는 부모를 거울로 생각하고 그대로 따라 하고 싶어 한다. 특이한 경우가 아니라면 무조건 안 된다고 하지 말자. 생각해 보면 딸이 엄마를 따라 하는 것이 나쁠 건 없으니까 말이다.

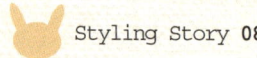
Styling Story 08

세련된 에티켓으로 무장해
격식 룩

TPO에 맞춰 입는 센스 발휘하기

예전에 어떤 행사에 초대를 받고 딸아이와 함께 참석한 적이 있다. 엄마인 나는 화이트 모직 재킷에 블랙 치마, 핑크 컬러의 백을 들고 아이는 그레이 모직 코트와 블랙 치마를 입고 화이트 머리띠와 핑크 컬러의 옷을 입은 인형을 들고 있었는데, 단정하고 깔끔하면서도 소재와 컬러가 둘다 잘 어울려 예뻐 보였다. 가방과 인형의 핑크 컬러로 포인트만 주었을 뿐인데 굉장히 경쾌한 느낌을 주었다.

포멀한 의상은 소재 선택도 중요하다. 구김이 쉽게 가는 소재는 아이들이 입고 다니기엔 별로다. 애써 입혔는데 행사가 끝나기도 전에 다 구겨져 버리면 센스 없는 엄마가 되어 버리고 만다. 차분하면서도 구김이 덜 가는 소재를 선택하되, 컬러는 기존의 옷들과 믹스 앤 매치하기 쉬운 아이템을 선택해야 한다. 여자아이들은 옷과 헤어 액세서리를 통일감 있게 맞추면 좋다. 중요한 자리에 엄마는 세련되고 멋들어진 룩으로 입었지만 아이는 유치원에서 막 돌아온 듯 편한 스타일로 극과 극을 보여 주는 경우가 더러 있다. 격식 있는 행사가 얼마나 있겠는가 싶어 포멀한 의상은 아예 준비하지 않을 수도 있지만 의외로 격식을 갖춰서 입고 가야 할 곳이 많다. 혹시라도 아이에게 포멀한 의상에 대한 거부감을 갖게 만들면 외출할 때 엄마가 되려 힘들어진다. 일주일 전쯤 미리 입혀서 옷이 작아졌는지 체크해 보는 등 사전 점검이 필수다. 불편한 한 번의 경험은 비슷한 스타일을 거부하게 만드는 원인이 된다. 아이가 조금이라도 불편해한다면 이유를 정확히 파악하고 반영해 거부하지 않게끔 옆에서 도와주자.

어떤 옷을 입는다고 아이가 마술처럼 말을 잘 듣고 밥도 잘 먹게 되는 일은 없다. 하지만 신경 써서 차려 입은 옷은 아이의 행동과 예절에도 영향을 줘서 조금은 차분해지고 다리도 예쁘게 오므리고 앉는 아이를 발견할 수 있을 것이다.

중요한 자리에서는 클래식한 스타일로 꾸며 주세요!

포멀 룩 200% 활용하는 법!
캐주얼한 의상과도 잘 어울리는 클래식한 아이템을 구매해 두면 유치원에 가거나 잠깐의 외출시에도 활용하기 좋다. 더플 코트나 블레이저 재킷은 캐주얼한 배기 팬츠나 점프슈트와도 잘 어울린다. 화이트 셔츠는 아가일 패턴의 니트 조끼나 서스펜더 팬츠에 매치하면 일상생활에서도 편안하게 입기에 좋다.

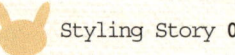

Styling Story 09

여름 나라의 추억을 잊지 못해
휴양지 룩

휴양지의 필수품, 수영복 패션

우리는 매년 여름 나라로 휴가를 떠난다. 여름 나라는 리원이가 동남아시아를 여행하면서 부르기 시작한 귀여운 애칭이다. 휴가지를 갈 때마다 딸아이가 가장 좋아하는 수영복은 의외로 톡톡 튀는 핑크 레오파드 패턴의 비키니이다. 화려하다 못해 실내 수영장에서는 입기가 민망할 정도인데 아이는 무척 좋아했다. 하지만 나는 아이들용으로는 비키니가 별로라고 생각한다. 아이들은 찬물에 몸을 담그고 수영을 하기 때문에 배앓이를 할 수 있어 가능하면 원피스형 수영복을 입히는 것이 더 좋다. 만약 비키니밖에 없다면 얇은 면 카디건을 입히는 것도 좋은 방법이다.

해외 휴양지로 여행을 간다면 현지에서 판매하는 수영복을 구입해 두자. 현지의 수영복은 다소 화려하고 촌스러운 느낌이 들기도 하지만, 그곳의 분위기와 감성이 그대로 담긴 추억거리이다. 발리에 놀러 갔을 때 구입한 리원이의 수영복은 물 빠진 청바지 같은 수영복이었는데 시간이 지나 다시 보면 그때의 추억이 떠올라서 아이와 한참 이야기 꽃을 피우곤 한다. 멋지고 유명한 브랜드의 수영복도 좋지만 가끔은 추억에 남는 현지 상품을 이용해 보는 것도 좋다. 수영복과 함께 꼭 필요한 것은 그 위에 덧입는 간단한 선 드레스. 타월처럼 보이는데 부드럽고 흡수가 빠른 데다 보온성도 탁월해 물놀이 후 살짝 차가운 기운을 잡아 주는 유용한 아이템이다. 해변에서는 땀 흡수가 뛰어나고 활동성이 좋은 시원한 홀터넥 원피스에 밀짚모자만 착용해도 마린 룩으로 패셔너블하게 연출할 수 있다.

반짝반짝 빛나는 해변가와 하얗게 부서지는 파도가 넘실대는 휴양지로 떠나는 기분은 아이나 엄마 모두 비슷할 것이다. 비행기를 타거나 차를 타고 달려가 도착한 휴양지에서는 매일매일이 즐거움의 연속이자, 아이와 함께한 즐거운 추억이 된다.

무더운 여름에는 왕 선글라스 패션이 최고예요.

Style Tip

여행 가방을 쌀 때 주의사항!
큰 지퍼백에 샌들과 슬리퍼, 면바지 등 휴양지에서 입을 스타일별로 묶어 트렁크에 담아 가면, 새 옷과 섞이는 찜찜한 일이 없어서 좋다.

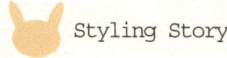

Styling Story 10

반짝반짝 눈부시게 빛나서 즐거워
크리스마스 룩

드레스 코드를 적극 활용하기

12월 크리스마스 시즌이 되면 아이들을 데리고 나가야 할 행사가 많아진다. 그렇다고 너무 어렵게 생각하진 말자. 평상시 입는 일상복에 약간의 아이디어와 레이어링만 더하면 크리스마스 분위기가 물씬 풍기는 파티 룩으로 연출할 수 있다.

리원이가 즐거워했던 크리스마스의 추억!

크리스마스 하면 빨간색과 초록색이 가장 먼저 떠오른다. 그렇다고 이 두 색으로만 코디한다면 슈렉을 능가할 웃음거리가 될 수도 있다. 차분한 겨울 컬러인 하얀색과 보라색을 적절히 섞어 매치하면 오히려 고급스러워 보인다. 여기에 벨벳 소재의 원피스에 퍼가 트리밍된 목도리나 깃털 머리띠 같은 화려한 아이템으로 에지를 더하는 것도 좋다. 또 다른 방법으로는 난색 계열의 케이프를 적극 활용하는 것이다. 케이프 하나만으로도 겉옷으로의 역할을 할 뿐만 아니라 사랑스러움을 더할 수 있으니 일석이조의 효과를 볼 수 있다. 이때 케이프의 길이는 배꼽 아래 정도로 오는 기장이 제일 예쁘며 하의는 겹겹이 주름이 잡힌 플리츠 스커트와 깜찍한 어그 부츠를 곁들이면 크리스마스 룩이 완성된다.

여자아이들이 가장 좋아하는 튀튀 스커트 또한 겨울 룩에서 빠질 수 없다. 풍성한 볼륨감을 자랑하는 샤 소재의 튀튀 스커트는 몸에 달라붙는 니트 풀오버와 레깅스, 메리제인 슈즈와 함께하면 더할 나위 없이 멋진 룩을 연출할 수 있다. 참고로 크리스마스 트리에 장식하는 깜찍한 오너먼트를 손가방이나 브로치로 활용하는 것도 좋은 아이디어다.

크리스마스에 아이들은 바쁘다. 연극 준비도 해야 하고, 성가대와 크리스마스 파티까지, 아이들을 위한 다양한 행사로 부모까지 바빠진다. 그래도 일년을 기다려 온 특별한 하루이니 매년 행복하다. 매년 꾸미는 크리스마스 트리지만 아이들은 늘 즐거운가 보다. 나 또한 매년 크리스마스를 준비하는 일은 늘 설레고 기분이 좋다.

겨울 패션 소품을 고를 때 주의사항!

목도리는 길이가 길면 발에 밟히거나 문틈에 끼는 사고가 생길 수 있으니 짧은 길이가 좋다. 장갑은 어느 정도 두께감이 있어야 아이가 넘어졌을 때 충격을 완화시킬 수 있다. 특히 날씨가 영하로 내려갈 때에는 귀를 덮어 주는 것이 좋으니 털이 부착된 귀마개를 선택하자.

Styling Story 11

코스튬 의상으로 즐거움을 만끽해
할로윈 룩

아이가 좋아하는 캐릭터로 변신하기

생일 파티의 콘셉트와 마찬가지로 아이가 주인공인 할로윈 데이 코스튬의 선정은 아이에게 의사를 물어보고 결정한다. 함께 준비하면서 아이와 많은 이야기를 나눌 수 있어 아이의 마음을 이해하는 데도 도움이 된다. 아이가 하고 싶었던 캐릭터를 하고 돌아다니면서 받게 되는 신선한 자극은 아이의 창의성에도 영향을 좋은 미치리라 생각된다. 예쁘게 보이고자 하기보다 아이가 원하는 스타일로 꾸며 주자.

딸아이는 할로윈 데이에 언제나 사랑스러운 공주로 변신했다. 그런데 작년에는 마녀 옷을 입겠다고 해서 살짝 당황했다. 사실 공주 콘셉트는 워낙에 많은 아이들이 시도하는 것이라 자료가 무궁무진하며 아이템도 많아 엄마가 편하다. 그에 비해 마녀 캐릭터는 마땅한 소품이 없어 해외 사이트에서 구매대행을 하는 등 공주 콘셉트보다 할애한 시간은 더 많았다. 그러나 이왕 꾸미는데 예쁘다는 말을 들으면 좋겠다고 생각해 열심히 준비했다. 할로윈 데이의 메인은 코스튬이라지만, 엄마들은 익살스러운 분장보다는 예쁘고 멋지게 보이고 싶은 욕심을 포기하지 않는다. 지나친 코스튬이 부담스럽거나, 만만치 않은 의상 비용이 고민된다면 상대적으로 저렴한 액세서리 아이템으로 콘셉트를 살리는 방법도 있다. 평상시 입는 심플한 원피스에 오렌지색 쁘띠 스카프를 살짝 매거나 익살스러운 호박 가면이나 파티용 머리띠만 착용해도 코스튬 분위기를 충분히 연출할 수 있다.

서양에서는 가장 화려한 파티가 바로 10월 31일, 할로윈 데이다. 우리 나라에서는 쉽게 볼 수 없지만 일본과 프랑스, 독일 그리고 중국에서도 그날에는 미국 못지않게 코스튬을 한 아이들이 사탕을 받으러 다닌다. "Trick or Treat"를 외치며 다니진 않더라도 공주, 해적, 악마 등의 코스튬을 한 아이들이 집집마다 들르는데 무척 귀엽다.

귀여운 백설공주로 변신한 리원이

 **아이와 함께 할로윈을 재미있게 보내는 방법!**
매년 할로윈 시즌이면 놀이공원과 야외공원 등지에서 큰 행사가 열리니 가족과 함께하기에 좋다. 집에서 엄마들이 모여 할로윈 파티를 열어 주어도 아이들에겐 큰 즐거움이 될 수 있다.

아이를 키우다 보면 아리송한 궁금증이 끊임없이 생긴다. 옷을 입힐 때에도 마찬가지다. 한사코 옷을 입지 않겠다며 고집부리거나 신발을 짝짝이로 신기, 엄마를 따라서 입으려는 행동으로 엄마를 당황하게 만든다. 이럴 땐 두 아이를 키우면서 내공을 쌓은 이혜원의 명쾌한 해답으로 궁금증을 해소해 보자.

Part 4

스타일맘 이혜원's
스타일 **카운슬링**

Style Counseling 01

아이 옷 사이즈 선택,
너무 어려워요.

지나치게 큰 사이즈를
고르는 것은 스타일을
망치는 지름길이에요.

저도 아이 옷을 다양한 방법으로 구매하다 보니 브랜드마다 사이즈가 달라서 처음엔 어려웠어요. 지금은 여러 번의 실패를 통해 배운 나름의 기준으로 구매합니다. 대개 엄마들은 아이 옷을 두 사이즈 크게 사잖아요. 하지만 이 방법으로는 살짝 큰 정도일지 몰라도, 막상 내년에 입히면 이미 작아져 있답니다. 그래서 전 한 사이즈 크게 사서 예쁜 핏으로 입히거나, 미리 세 사이즈 정도 크게 사서 내년에 입혀요.

특히 세 사이즈 크게 사는 것은 유명 브랜드 세일에서 마음에 드는 스타일을 만났을 경우에 종종 사용하는 방법이랍니다. 어른 옷과 마찬가지로 아동복도 브랜드마다 사이즈 차이가 있어요. 사전에 브랜드의 표준 사이즈를 알아본 뒤 쇼핑할 때 이를 참고하도록 하세요. 또 아이의 키와 체형별 특징을 미리 알면 실패율을 줄일 수 있어요. 수입 브랜드는 국내 사이즈보다 조금 작게 나와요. 옷 안쪽 라벨을 보면 상품에 관한 사항뿐만 아니라 나이도 나와 있어요. 수입 브랜드는 만 나이로 표시되는 것을 기억하세요.

또한 구입 전에는 꼭 확인해야 할 것이 있는데요. 손목에 여유분이 있는지, 밑단이 수선 가능한지 등을 확인합니다. 이것은 내년에 입었을 때 늘릴 수 있는지 체크하는 것이지요. 팔이 긴 편인 딸아이의 경우에는 가장 빨리 작아지는 부분이 소매거든요. 어떨 땐 긴 소매의 원피스를 한 계절만 입고는 못 입게 된 적도 있어요. 그래서 소매를 뜯어내고 민 소매 원피스로 수선해 입혔지요. 다른 부분은 다 맞는데 유독 소매만 그러하니 버리기 아깝더라고요. 수선집에서 자르고 손질하는 데 드는 비용은 비싸지 않으니 참고하세요!

Style Counseling 02

언제쯤이면
아이 혼자
입고 벗을 수 있을까요?

어린아이라는 것을
잊지 마세요.
어느 순간엔가 제 힘으로
해낸답니다.
엄마의 역할은 옆에서
격려하는 거에요.

제 경험에 비춰 보면 적어도 5살은 넘어야 웃옷을 입고 벗을 수 있는 것 같아요. 바지나 양말이야 4살만 되어도 제힘으로 할 수 있지만, 상의는 훨씬 더 걸리더라고요. 팔을 먼저 뺀 후, 머리를 빼거나 팔을 꼬고 만세를 해서 올려 벗는 등 여러 가지 방법을 동원해도 네크라인에 걸려 켁켁 대기 일쑤였죠. 그러던 어느 날 상체를 숙여 네크라인을 쭉 뺀 다음, 팔을 꼰 상태에서 벗겼더니 잘되더라고요. 그 후부턴 약간씩 변화를 주면서 아이 스스로 벗을 수 있도록 옆에서 도와주었답니다.

어느 정도 엄마가 해 줄 수 있는 부분까지만 도와주고, 잘할 때마다 칭찬과 격려를 하거나 아이가 이해할 수 있도록 설명한다면 아이도 어느 순간 해낼 거에요.

물론 엄마가 귀찮긴 하지요. 그래도 크게 걱정할 일은 아니에요. 일부러 입고 벗기에 편하도록 네크라인이 넓은 제품을 구입하는 엄마도 보았는데요. 그보다는 옷을 구입할 때 네크라인이 잘 늘어나는지 확인하고 구입하는 노력 정도면 충분하답니다.

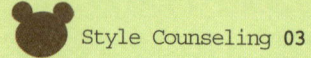

Style Counseling 03

타이트한 스타킹과 레깅스가 정말 아이들에게 안 좋나요?

아이의 성장에는 크게 문제되지 않지만 활동하기에는 불편하니 신축성이 적은 면 혼방 제품으로 입히세요.

 저는 의사가 아니기 때문에 좋다 아니다라고 말하기는 어렵지만, 아동 전문가들도 절대 입히지 말라고 하진 않더라고요. 딸아이도 자주 입는 스키니 진이나 레깅스, 스타킹 등이 근력 발달이나 성장에 안 좋은 영향을 미칠 수 있다고 생각해 본 적이 있긴 해요. 하지만 우리가 생각하는 것만큼 아이용 레깅스와 스타킹이 타이트하지는 않더라고요.

어느 날 딸아이가 스타킹의 허리 밴드가 조인다며 불편을 호소하길래 스타킹을 수선해 준 적이 있어요. 경우에 따라서 허리 부분을 잘라 고무줄을 넣어 주기도 하고요. 아이가 조금이라도 편할 수 있는 방법을 고려해 수선해 주는 것도 좋아요.

스타킹 종류는 어느 정도 신축성이 가미된 아이템이기 때문에 약간 넉넉한 사이즈의 제품을 고르면 무리가 없어요. 그렇다고 너무 큰 사이즈를 입으면 되려 볼품이 없어진답니다. 그보다는 소재가 중요해요. 아이의 몸에 직접 닿는 제품이니 자극이 적은 면 소재로 선택하는 것이 좋아요.

예전에는 아이의 청바지가 피부에 닿으면 좋지 않을 것 같아서 스타킹을 신긴 다음에야 청바지를 입혔어요. 요즘은 옛날보다 워싱이 훨씬 부드럽고 질 좋은 제품이 많이 나왔더라고요. 유기농 소재의 청바지, 청바지 형태로 나온 레깅스를 선택하는 것도 좋은 방법이랍니다.

Style Counseling 04

우리 아이는 신발을 짝짝이로 신어서 걱정이에요!

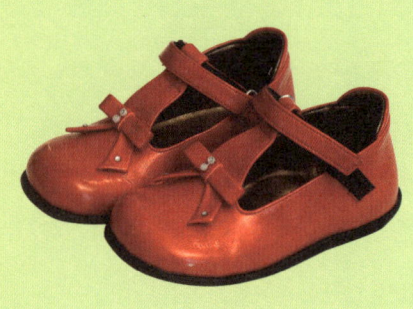

아이가 알아보기 쉽도록
현관 바닥에 색지로
신발 모양을 그리거나,
신발 안쪽에 동그라미로
표시해 두세요.

대부분의 아이들은 비슷한 시기에 행동도 엇비슷해요. 아이마다 약간의 차이가 있지만 지나고 보면 똑같은걸요. 신발을 거꾸로 신는 것 또한 마찬가지예요. 어린아이들은 양쪽 발 모양이 거의 똑같아서 거꾸로 신어도 잘 모르거든요.

우리도 초등학교 시절을 떠올려 보면 신발을 거꾸로 신고 다니는 친구가 한 명씩 있었잖아요. 그들도 학년이 높아지면서 자연스레 바로 신게 되듯이 발 모양이 제자리를 찾는 순간이 되면 거꾸로 신으라고 해도 불편해서 신발을 올바르게 신을 거예요. 지극히 자연스러운 일이니 걱정하지 마세요. 처음부터 아이가 잘 신으면 엄마가 도와줄 일이 없잖아요. 어린아이니까 이해해 주세요.

아이가 침을 많이 흘려 고민하는 친구가 있어요. 둘째 아이인 리환이도 침을 많이 흘렸는데 그러다가 어느 순간 말문이 트이더라고요. 그래서 저의 경험담을 들려주면서 침을 흘리는 것은 나쁜 것이 아니니 자주 닦아 주는 대신 턱받이를 좋은 면으로 준비하라고 했지요. 제 이야기를 전해 준 것뿐인데 그 친구는 위로가 되는 이야기였다며 고마워하더라고요. 생각해 보면 걱정하는 일들은 모두 생각의 차이랍니다. 침을 흘리는 것이든지 신발을 거꾸로 신는 것이든지 생각하기에 따라 달라져요. 엄마가 조급해하면 아이도 따라 조급해져요. '우리 아이만 왜 이러지?'라는 식의 생각은 아이와 엄마 모두를 힘들게 만들 뿐이에요. 지극히 자연스러운 일이라며 긍정적인 마인드로 기다리면서 때때로 이야기 해 주세요. 아이가 이해할 수 있도록 말이죠. 기다리면 잘될 거예요.

Style Counseling 05

한 가지 물건에만 집착하는 아이, 이대로 놔둬도 괜찮을까요?

아이가 좋아하는 것을 엄마도 좋아해 보는 것, 아이와의 소통에 꼭 필요한 일이에요.

> 아이가 어느 정도 크면 한 가지 물건에 집착하는 경우가 많아져요. 그것이 찢어진 옷이든지 헌 인형이든지는 아이들에겐 상관없죠. 리원이는 그동안 시기별로 인형과 수건 그리고 레깅스와 청바지, 구름 잠옷에 집착했어요. 유난히 집착이 심했던 인형은 외출할 때에도 꼭 챙기더라고요. 그런데 어느 날부터인가 인형이 보이지 않으면 발작을 일으킬 정도로 떼를 쓰기 시작했어요. 너무 심해서 버리려고 갖은 방법을 썼지만 잘 안 되다가 네 살 즈음부터는 낡을 대로 낡아 버린 인형에게 관심을 보이지 않더라고요. 아무래도 집에 있는 시간이 줄어들면서 인형의 중요성도 떨어진 것이겠죠. 그렇게 울며 불며 떼를 쓸 때에는 안 되더니 이것 역시 어느 순간 자연스럽게 해결되더라고요.
>
> **아이를 키우다 보면 답을 찾지 못해 힘들었던 문제들이 어느샌가 자연스럽게 풀리는 것을 경험하게 돼요.**
>
> 낡은 수건도 그랬고, 좋아하는 청바지와 처음 입었던 레깅스, 엄마와의 커플 구름 잠옷도 그랬지요. 구름 잠옷은 여름용인데도 불구하고 한겨울에도 입겠다며 고집을 피웠지요.
>
> **조급한 마음보다 너그럽고 편안한 마음으로 아이를 바라봐 주세요. 저는 모든 면에서 느림보 엄마에요. 그렇지만 리원이 역시 보통의 또래 아이들처럼 배우고 겪으며 자라고 있어요.** 앞으로도 그럴 테지요. 덕분에 아이가 좋아하는 것에 호응해 주니 모녀 사이가 한층 더 돈독해졌답니다. 물론 저도 쉽진 않았죠. 마음으로 억누르고, 본 것을 못 본 척하는 일이 결코 쉽지 않으니까요. 그래도 이것이 엄마의 역할이랍니다.

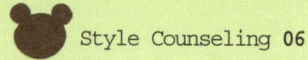
Style Counseling 06

마구 뒤엉켜 있는 옷장을
쉽고 빠르게 정리하는
노하우가 있나요?

아이가 옷을 입을 때 헝클어뜨리지 않으려면 옷장은 칸을 나누세요. 이때 정리함을 활용하면 더욱 좋아요.

66

바쁘다 보면 옷장은 금세 엉망이 되지요. 집 정리를 할 때에도 가장 큰 일은 옷장을 체계적으로 정리하는 거에요. 틈틈이 열어 보고 확인하지 않으면 순식간에 엉망진창이 되니까요.

저는 한눈에 보기 쉽도록 정리해요. 큰 틀은 장소나 상황에 맞게끔 입는 순서대로 정리하며 대체로 포멀한 스타일과 캐주얼한 스타일로 나누는 편이에요. 재킷이나 코트 같은 외투는 위쪽에 걸고, 바지류는 세탁소용 옷걸이를 활용해서 정리하고요. 세탁소에서 쓰는 얇은 옷걸이는 부피감도 적어서 자주 활용해요. 한쪽 방향에 맞춰 걸어 두면 보기에도 좋고 꺼내기도 쉬워요.

티셔츠는 디자인이나 컬러별로, 니트는 소재별로 구분해서 정리해요. 기장 높은 옷장 안쪽에는 자주 입지 않는 옷을 넣는 것도 좋은 방법이에요. 형태가 변하기 쉬운 소재의 옷은 옷걸이 대신 서랍장에 넣어 보관하고요. 옷과 옷 사이의 공간도 충분히 둡니다. 퍼나 무스탕 소재는 겹쳐 두면 상하니까요. 서랍장을 열었을 때 양말, 티셔츠, 레깅스, 내복, 속옷을 종류별로 구분해 두 줄로 정리하고, 내복과 상·하복은 세트별로 묶어서 정돈하면 짝짝이로 입히는 일도 없답니다.

계절이 바뀌어 정리할 때에는 옷 사이에 부직포를 넣어 두세요. 혹시나 모를 습기로부터 옷을 보호해 주거든요. 보통 동대문에서 한 묶음에 1만 원 정도 하는데 2년은 거뜬히 쓸 정도로 양이 많답니다.

99

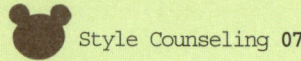

Style Counseling 07

이혜원만의
알짜배기 쇼핑 노하우가
궁금해요!

**희소성보다
저렴한 가격이 우선이라면
공동구매를 이용하세요.**

❝ **저**렴하면서도 품질 좋은 아이템을 구입하려고 일부러 발품을 많이 팔아요. 아웃렛 매장이나 세일 기간에 맞춰 구입하는데요. 대신 유행을 크게 타지 않는 스타일로 고르되 소재만큼은 꼼꼼히 살펴서 골라요. 아이들의 기본 티셔츠와 내복, 양말 같은 경우엔 인터넷 쇼핑몰에서 주로 구매를 하고요. 인터넷 쇼핑몰은 손으로 만져 볼 수 없으니 판매자의 자세한 소개 글까지 꼼꼼히 살피는 것이 좋아요. 다행히도 최근에는 근접 촬영 컷이 있거나 소재에 대해 자세히 적혀 있어 실패할 확률이 적답니다. 하지만 해외 사이트에서 구매를 할 때에는 소재의 함유량(%)을 꼭 확인하세요. 항상 생각과 다른 것이 해외 사이트 쇼핑몰이니까요. 혹시라도 마음에 들지 않을 경우에는 반품하는 비용이 더 많이 들 수도 있기 때문에 신중하게 생각하고 결정하는 것이 좋아요.

저도 구매대행을 자주 이용하는 편인데요. 자주 가는 곳을 즐겨찾기한 다음, 가끔 들러 확인하거나 회원 가입을 해 두면 세일 기간이나 특별 할인 판매 등이 생겼을 때 저렴하게 구입할 수 있어요. 또한 업체마다 수수료가 다르니 확인하고 결정하는 것이 좋아요. 결제 금액이 배송료까지 모두 합쳐 100달러 이상을 넘으면 한국으로 물건이 들어올 때 세금을 따로 지불해야 하는 불상사가 발생하니 주의하세요!

또 한 가지, 제가 쇼핑을 할 때 종종 쓰는 방법인데요. 목적이 있는 쇼핑이 아니라면 아이의 옷장과 서랍장을 사진으로 찍어 가세요. 요즘은 핸드폰으로도 사진이 잘 나오잖아요. 덕분에 색감이나 스타일을 잊지 않고 필요한 아이템만을 살 수 있어요. 사진을 보면 기억이 나니까요. 쇼핑을 다녀와서도 매번 비슷한 옷만 구입하는 엄마라면 특별히 추천할게요. ❞

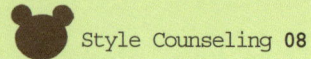 Style Counseling 08

요즘은 유럽피언 스타일이 인기인데 어떻게 입혀야 할지 모르겠어요.

패셔너블한 해외 스타의 자녀들은 네 가지 컬러를 넘지 않는대요.
너무 알록달록한 의상만 고집하는 엄마에게 해 주고 싶은 이야기에요.

> 최근 들어 차분하면서도 부드러운 디자인의 유럽피언 룩이 각광받고 있죠. 리원이의 스타일을 칭찬해 주는 사람들 역시 걸리시한 스타일링을 좋게 봐 주는데요. 아이가 어렸을 때만 해도 지금처럼 SPA 브랜드들이 국내에 소개되지 않았던 데다 아이는 늘 밝고 화사한 옷만 입혀야 한다는 고정관념이 엄마들에게 있었어요. 그에 비해 이탈리아나 프랑스, 독일 등에서 어린 시절을 보낸 딸아이에게는 모던한 디자인의 옷들이 무척 평범한 스타일이었답니다. 구하기도 쉬우면서 가격도 저렴한 유럽 특유의 스타일리시함을 간직한 옷들이 많거든요. 과하지 않은 내추럴한 룩이 한국 아이들에게도 입혀지면서 인기를 얻은 게 아닌가 싶어요.
>
> 아이에게 유럽피언 스타일처럼 입히고 싶다면, 제일 먼저 '여자아이=핑크'라는 인식부터 바꿔야 해요. 어린아이들도 제각각 성격과 개성이 모두 나르듯이 스타일도 하나로만 규정할 순 없어요. 그러니 여자아이에겐 핑크만이 잘 어울린다고 생각하지 말고, 다양한 주위의 컬러들을 꾸준히 의상에 접목시켜 보세요.
>
> 그 다음으로 중요한 것은 바로 컬러와 패턴이에요. 차분한 톤이 특징인 유럽피언 스타일은 화려하거나 튀는 색상을 찾아보기 힘들어요. 패턴이 복잡한 옷일수록 디자인은 심플한 것이 좋아요. 치렁치렁한 러플 장식이나 과장된 옷, 지나친 액세서리 매치도 피하세요. 패션은 덜어 낼수록 스타일리시해진답니다!

Style Counseling 09

내 아이에게
어울리는
컬러를 찾고 싶어요.

아이에게 어울리는 컬러는 엄마가 제일 잘 안다고 하잖아요. 여러 번 입혀 보면서 어떤 컬러가 얼굴에 가장 잘 어울리는지 기억하는 것이 스타일리시한 엄마가 되는 지름길이에요.

❝

저는 종종 딸아이의 옷을 꺼내 주며 이렇게 말하곤 해요. "이 회색 치마에는 검정 레깅스나 스타킹보다는 저런 양말이 어울려."식으로 자세하게 이야기를 해요. 은연중에 자연스럽게 배우라는 저의 속 깊은 마음인데, 제가 꺼내 준 옷을 보더니 "엄마, 이 색하고 이 색 하고 어울려요?" 하고 물었던 적이 있어요. 그러더니 "그럼 얼굴색은 어떡해요?" 하며 저를 웃게 했답니다.

얼굴색에 맞는 컬러는 크게 세 가지로 나눌 수 있어요. 먼저, 희고 맑은 톤의 얼굴은 어떠한 색상과도 무난하게 잘 어울려요. 보통 아이들이 시도하기 힘든 컬러까지도 말이죠. 하지만 자칫하면 너무 창백해 보일 수 있으니, 활기를 더해 주는 따뜻한 색상의 옷을 매치하는 것이 포인트랍니다. 어둡거나 푸른 계통이 옷을 입으면 안색이 더 창백해 보일 수 있으니 주의하세요.

대부분의 아이들은 노란기가 도는 얼굴이에요. 이럴 땐 옐로나 오렌지 색상의 옷을 입으면 더 부각되어 버려요. 그러니 차분한 모노톤의 의상이나 잔잔한 플라워, 도트 같은 프린트가 그려진 옷을 활용해 보세요. 얼굴색이 새까맣다면 밝은 계열의 색은 얼굴을 더 칙칙하게 만들 수 있어서 차가운 푸른 색상을 매치하거나 이너웨어로 입어 포인트 컬러로 활용하는 것이 좋아요.

'톤 온 톤 컬러 매칭법'은 컬러를 가장 잘 활용하는 방법이랍니다. 이것은 같은 컬러에 명도 차를 둔 두 가지 색을 매치하는 매칭법으로, 베이지와 브라운, 다크 네이비와 네이비, 옐로와 오렌지 같은 컬러 매치가 대표적이라고 할 수 있죠. 이는 전체적인 컬러감이 맞춰져 안정감 있는 효과를 주는 스타일링 방법이랍니다.

❞

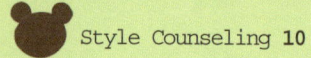

Style Counseling 10

옷 입힐 때 끝까지 고집부리는 아이, 어떻게 하면 좋을까요?

오늘의 옷을 아이 스스로 결정하는 일이 반복되다 보면 저절로 자신의 의견을 표현할 수 있는 어른으로 자라게 됩니다.

저역시 아이에게 옷을 입힐 때가 제일 힘들어요. 5살 이후부터는 자신의 주관이 뚜렷해지기 때문에 엄마가 보는 스타일 관점과 달라서 트러블이 생기는 경우가 적잖이 있거든요.

예전에는 아이가 외출할 때면 항상 쇼핑백을 들고 나가려고 고집을 부렸어요. 딸아이의 눈에는 쇼핑백이 예뻐 보였는지 고집을 꺾을 생각을 안 하더라고요. 한 번은 아이가 모아 둔 쇼핑백 중에서 낡은 것을 모두 버린 적이 있는데 울면서 버리지 말아 달라고 해 한참을 고민하기도 했어요. '혹시 아이가 원하는 가방을 안 사 주었거나, 쇼핑할 때 아이의 의견을 무시했나?' 등등 이유에 대해서도 생각해 보았어요. 결국 아이가 느끼는 가방의 의미는 어른들이 보는 가방의 관점과 다르다는 것을 이해하기로 마음먹었죠.

아이들은 자신의 눈높이에 맞는 것, 설사 그것이 쇼핑백이라도 그것이 아이의 취향인 거에요. 그러니 학교에 갈 때까지 쇼핑백을 들고 가는 것이 아니라면 너무 참견하기보다는 아이의 취향을 존중해 주는 것이 어떨까 싶네요. 아이가 지금 고집을 부리는 것이 비록 낡은 쇼핑백이라 할지라도 그것을 이해해 주자고요. 내일은 엄마가 사 준 예쁜 잇 백을 들고 나갈지도 모르니까 말이죠. 아이들은 호불호가 명확하거든요. 아무리 버리자고 해도 안 된다며 울면서 매달리는 걸 보면 오히려 어릴수록 유행에 따라가지 않고 독특한 자신만의 취향을 갖고 있나 봅니다. 크면 클수록 유행을 따라가게 되고 친구들의 시선을 의식하게 될 테니까 말이죠. 혹시 아이가 커서 의사소통이 가능하다면, 엄마의 욕심을 버리고 아이의 의견을 패션에 최대한 반영해 주세요. 적정한 수준의 반영으로 아이의 결정권을 존중해 주면 아이도 자신의 생각과 스타일을 거침없이 발전시키게 될 거에요.

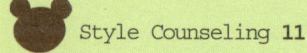
Style Counseling 11

계절마다
아이 옷을 사는데도
늘 입힐 만한 게 없어요.

기본 스타일의 아이템이 많으면, 믹스 앤 매치가 쉽고 의류 구입비도 줄일 수 있어요.

**대**부분의 엄마들이 공감하는 이야기네요. 쑥쑥 크는 아이의 성장 속도에 맞추느라, 유행에 뒤처지지 않도록 하느라 아이 옷에 들어가는 비용이 어른 못지 않죠. 원인은 간단합니다. 우선, 옷장 안을 열어 보세요. 형형색색 튀거나 디자인이 독특한 아이템들이 한가득이진 않나요? 언제나 이렇게 유행성이 강한 옷들을 사다 보면 겨우 한철만 입게 되는 불상사가 생긴답니다. 불행하게도 이런 식의 구매 패턴은 작년에 이어 올해도 똑같이 벌어지게 되지요.

앞으로는 쇼핑할 때 스타일이 너무 독특하거나 컬러감이 강한 아이템은 장바구니 리스트에서 지우도록 하세요. 대신 기본 스타일의 아이템과 액세서리의 양을 늘리세요.

유행을 타지 않는 베이식한 아이템 중에서도 일명 '이너웨어'라고 불리는 기본 스타일의 톱은 최소 6장, 바지와 치마는 각각 5벌 정도만 가지고 있으면 그 아무리 어려운 믹스 앤 매치도 가능하게 해 줄 거예요. 여기에 액세서리가 빠질 순 없죠. 면역력이 약한 아이들은 간절기나 덥고 추운 날씨에 민감하답니다. 그럴 땐 스타일도 살리고 보온 효과도 있는 스카프나 모자, 레깅스 등을 더해 주세요. 액세서리는 다양할수록 좋아요. 한 벌의 의상으로 세 가지 이상의 효과를 볼 수 있으니까요. 이렇게 기본 아이템과 액세서리만 갖춰도 패션 센스가 향상될 거예요.

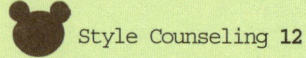
Style Counseling 12

엄마의 옷을 따라 입으려는 아이 때문에 고민이에요.

아이는 부모를 따라
하고 싶어 한답니다.
안 된다고만 하지 말고
함께 입을 수 있는
방법을 찾는 게 좋아요.

> 제가 중학생이었을 때 친정엄마가 방을 새롭게 꾸며 주신 적이 있어요. 그 당시 유행하던 크랙 가구로 방을 꾸며 주셨는데, 중학교 여학생이 쓰기에는 어른스러운 분위기였지요. 그런 곳에서 매일 생활을 하다 보니 매사에 잘해야겠다는 다짐과 함께 어른이 된 느낌이었답니다.
>
> 제가 그랬던 것처럼 리원이의 방을 새롭게 꾸며 줄 생각으로 친정엄마께 말씀을 드렸더니, 이제야 엄마의 마음을 알았냐고 하시더라고요. 알고 보니 어린 나이에도 불구하고 제가 조숙했던 탓에 키가 크고 성숙해 가는 것을 싫어하게 될까 봐 일부러 어른스러운 방으로 꾸며 주셨더라고요. 제가 어른스러운 방에서 생활하면서 차분해지고 집중력이 향상된 것처럼 딸아이의 방도 소녀적인 분위기로 바꾸면, 아이의 몸이 성장하듯이 마음도 따라서 성숙해지리라 봅니다.
>
> 옷도 마찬가지랍니다. **아이가 엄마를 따라서 어른스럽게 입는 것은 절대 나쁜 것이 아니에요. 어른처럼 입히면 아이들은 훨씬 차분해지고 얌전해지잖아요. 그것이 꼭 슈트나 드레스가 아니더라도요. 아이가 싫어하지 않는다면 가끔은 스타일에 변화를 주세요. 때때로 어른처럼 입고 생각하고 행동하는 것이 필요할 때도 있답니다.**

Style Counseling 13

공부하기
싫어하는 아이를
어떻게 타일러야 할까요?

> 아무리 공부하라고 해도 아이가 받아들이지 않으면 소용없으니 스스로 공부하고 싶게끔 만들어 주세요.

저는 아이 교육에 대해선 확고한 주관이 있어요. 아이의 의견을 수용해 주며 공부하는 방법을 터득하게 하는 것이지요. 그래서일까요. 전 일일이 조근조근 설명하는 엄마에요. 그러다 보니 어느 순간 제가 느림보 교육을 하고 있더라고요. 리원이는 스스로 한글을 터득했어요. 목이 말라 스스로 공부하게 해 주고 싶었거든요. 그래서 공부의 필요성에 대해 이야기해 주었어요. 스스로 터득하면 교재보다 훨씬 빨리 배우고 잘 잊어버리지 않지요.

작은 것이라도 아이의 받아들임이 있어야 진정한 교육이라고 생각해요. 엄마의 기준에 맞춰 시작하는 무리한 교육은 아이를 지치게 할 뿐만 아니라 엄마와도 갈등이 생기게 돼죠.

때로는 같은 말을 여러 번 해야 하거나 큰 인내심을 요하는 날도, 회가 나서 포기하고 싶을 때가 생길 수도 있지요. 그럴 땐 이렇게 생각해요. 무엇이 진짜 아이를 위한 일인지를요.

아이가 배우고 싶다는 것은 가능하면 해 주려고 해요. 하지만 다른 아이들과 마찬가지로 끈기 있게 오래 지속하지는 못하더라고요. 아이에게 선택권을 주니 편한 것만 찾기도 하고요. 그럴 땐 왜 공부를 해야 하는지를 아이에게 설명해 주었어요. 시간은 오래 걸렸지만 결과적으로 보면 아이에게 직업관과 가치관을 이해시키고 스스로 공부해야 하는 이유를 찾도록 옆에서 끊임없이 알려 주었죠. 강요하는 것보다 필요성을 알려 주는 것이 당장은 귀찮은 일이겠지만 나중을 생각하면 엄마가 훨씬 편한 방법이에요.

공부도 인생도 결국엔 아이 스스로 선택하고 결정해야 해요. 그때 엄마가 흔들리면 아이는 더욱 혼란스러워 해요. 엄마가 틀을 잡고 흔들리지 않아야 아이도 흔들리지 않고 따라오거든요. 엄마의 스타일을 찾으세요. 패션도, 인생도, 교육도 말이죠!

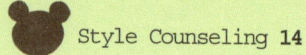
Style Counseling 14

아이와 외출을 하면
보채기 일쑤네요.
좋은 방법이 없을까요?

> 외출할 때 엄마의
> 머릿속에 있는 스케줄을
> 아이와 공유해 보세요.
> 아이가 한결 수월하게
> 따라 줄 겁니다.

66

리원이도 어렸을 적에는 많이 보챘어요. 네 살이 되니 자기 주장도 강해지고 요구하는 것이 많아져서 더욱 힘들었죠. 하루는 아이와 함께 외출해서 해야 할 일이 무엇인지 써 내려갔어요. "오늘은 나가서 밥을 먹고 장난감을 사러 갈거야." 하며 순서를 정하면서요. 한마디로 오늘의 체크리스트를 만든 거죠. 그러고는 일을 하나씩 마칠 때마다 볼펜으로 체크했어요. 그러니 아이는 오늘의 일이 몇 개이며 뭐가 남았는지 아니까 징징대거나 떼를 쓰지 않고 잘 따라오더라고요. 그때 깨달았어요. '어린아이들도 이야기해 주면 되는구나'를 말이죠.

알아듣지 못하는 것 같아도 아이들은 다 듣고 있으며 이해하려고 해요. 아이와 오늘의 스케줄을 공유해 보세요. 훨씬 즐거운 외출이 될 거에요. 그리고 가끔 아이에게 '같이 갈래?' 하고 의견을 묻고, 순서를 정해 보는 것도 좋아요. "시장에 갔다가 여기부터 갈까, 아니면 여길 갈까?" 하는 식으로요.

물론 아이는 자신의 기준에서 이야기하지만 크게 중요한 일이 아니면 아이의 의견을 들어주는 것도 좋아요. 엄마가 내 이야기를 들어주는 것, 그것이 아이를 존중해 주는 일이거든요. 존중받고, 사랑 받는 것을 아이들도 잘 알고 있으니까요.

99

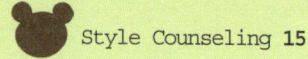
Style Counseling 15

리원이는 키가 큰데 특별한 노하우가 있나요?

> 부모와 함께 운동하는 습관이 아이의 키를 크게 만들 뿐 아니라 친구들과의 협동심도 키울 수 있어요.

66

리원이와 리환이는 또래보다 키가 큰 편이에요. 워낙 편식하지 않고 밥을 잘 먹는 데다 유전적인 부분도 있겠지만, 제 생각에는 운동하는 습관을 무시할 수 없다고 봐요. 남편이야 워낙 운동이 생활화된 사람이고, 저 역시 어려서부터 친정엄마를 따라 운동하기를 좋아했어요. 어려서는 왜 해야 하나 싶었는데 시간이 지나고 보니 저도 친정엄마처럼 되더라고요. 지금도 꾸준히 달리고 시간이 날 때마다 가족들과 함께 여러 운동을 즐기고 있어요. 운동을 즐기고 좋아하다 보니 지금의 남편을 만나고 결혼을 했던 것이 아닐까 싶네요.

리원이의 경우, 긴 리본 테이프를 가지고 돌리는 것을 보고는 줄넘기를 사 주었고, 물을 무서워해 수영을 시작했어요. 피겨 스케이트 선수가 되겠다고 해서 발레와 인라인을 타기도 하죠. 게다가 친구들과 뛰어노는 것도, 아빠와 축구 게임을 하는 것도 무척 좋아합니다.

운동을 운동으로 인식시키지 말고 습관이 되도록 옆에서 도와주세요. 물론 엄마도 아빠도 함께 하는 것이 중요하겠지요. 운동을 통해 친구들과 친해지고 협동심도 생기잖아요. 자연스러운 운동 습관을 지금부터 길러 주세요. 주말이면 아빠와 공원에서 공을 차는 작은 습관이 아이의 몸과 마음이 건강하게 자라는 데 도움이 될 테니까요.

99

행복한 우리 집

소소하지만 행복한 우리 집의 일상 속 스토리를 공개합니다.

#1
인생을 결정하는
세 살 버릇

임신했을 때 뱃속의 아이에게 커서도 늘 예의가 바른 아이로 자라기를 기도했다. 다행히 지금 두 아이는 어려운 자리에 함께 가도 대견할 만큼 잘 자라 주었다. 때때로 깜짝 놀랄 정도로 엉뚱한 일을 저지르긴 하지만, 몰라서 그런 것이 대부분이라 잘 타이르며 설명해 주니 아이들은 금방 잘 받아들였다. 내가 생각하는 예절은 사람과 사람간의 기본적인 약속과 같다. 그 약속이 잘 지켜져야 서로간의 신뢰가 쌓여 간다. 그것이 예절의 힘이고 인간관계의 시작이라 할 수 있다. 요즘 아이들은 영어를 비롯하여 선행학습을 하느라 예절을 배우는 시간이 없다. 그렇게 지식만 채운 아이보단 예절과 지혜가 잘 어우러진 착한 아이로 자라길 진심으로 기도한다.

#2
기도로 이루어진 집

남편은 어린 시절에 선교사가 꿈이었다고 한다. 지금은 축구로 한국을 알리는 사람이 되었는데 그것 역시 선교라고 생각한다. 어느 나라에서나 최선을 다했고 본보기를 보이며 지낸 남편처럼 나 또한 바자회를 통해 내가 할 수 있는 나눔을 실천하고 있다. 목욕봉사를 평생 해 오셨음에도 불구하고 내게 말씀하지 않으셨던 친정 엄마의 마음을 배워 우리 가족도 평생 나누고 베풀며 살아가려 한다.

큰 부상 없이 운동할 수 있도록…… 건강하고 바르게 잘 자랄 수 있도록 그렇게 오늘도 나는 기도와 함께 하루를 시작한다.

새로운 사업을 운영하면서
사람과 소통하며
나누고 베풀려고 한다.

#3 또 다른 나의 직업, CEO

나는 늘 무언가에 도전하고 공부하는 것이 좋았다. 그래서 친정 엄마와 함께 레서피를 하나하나 직접 만들며 시작했던 레스토랑을 시작으로 어려서부터 관심이 많았던 패션과 관련된 인터넷 쇼핑몰을 운영하면서 사람과 소통하고 나누고 베푸는 경영 마인드를 하나하나 실천하기 시작했다.

이후 새롭게 시작한 화장품 사업은 전보다 더 많이 연구하고 노력을 요구하는 일이지만 직원들에게도 한결같이 열심히 공부하는 사람으로 비춰지는 그날까지 지금도 나는 열심히 달리고 있다. 무엇보다도 이 세상에서 가장 소중한 우리 가족을 위해 매일매일 열심히 달릴 것이다.

#4 참 자상한 아빠

아무리 피곤하고 힘든 날이라도 아이들과 함께하는 것을 좋아하는 아빠.
주말이면 아이들과 함께 공원에 산책을 가거나 가까운 곳으로의
소박한 여행도 즐기는 평범한 아빠.
비가 오면 아이들과 부침개를 부쳐 먹고,
눈이 오면 동네 한 바퀴를 돌아 주는 따뜻한 감성의 아빠.
툭 던지는 털털한 말 속에 진한 진심이 묻어 있는, 진짜 아빠다.

혹독한 날씨에 단련된 튼튼한 팔과 다리는
세상에서 가장 재미있는 아이들의 장난감이자
가장 든든한 방패막이다.
아직도 아빠와 함께하는 목욕시간을 좋아하는 리원이에게
아빠는 각별한 존재임에 틀림없다.

아빠에게 눈물이 쏙 나오도록 혼나는 날에도
마지막에는 아빠 품에 안겨 씩,
미소 짓도록 안아 주는 다정한 이빠시기도 하다.

#5
포스트 잇과 100점 남편

오늘도 혼자 지낼 아내를 위해 포스트 잇 메모를 남겨 주는 사람.
쑥스러운 사과 대신 포스트 잇 메모를 남겨 주는 사람.
가끔 준비한 식사와 함께 포스트 잇 메모로 마음을 전하는 사람.
근사한 생일 파티에도 작은 포스트 잇 메모를 잊지 않는 사람.

처음 만났을 때부터 지금까지 변함없이 자상한 남편.
아무리 바쁘고 피곤한 스케줄에도 아빠와
남편 역할에 최선을 다해 주고 늘 고마워해 준다.

그래서일까.
함께할수록 눈물 나게 고마운 100점짜리 남편이다.

ⓒ 여성중앙

#6
살아온 날보다 살아갈 날이 더 많은 우리

그와 함께한 10년의 시간.
우리 가족이 함께할 평생의 시간.

벌써 10년이 훌쩍 흘렀다. 강산도 변한다는 10년의 시간 동안
함께 울고 웃고 기도하고 사랑하며 지냈다.

결혼과 함께 시작된 외국 생활의 어려움도 그와 함께라
꿋꿋이 이겨 낼 수 있었고 아이들 덕분에 외롭거나 쓸쓸하지 않았다.

어렵고 힘들었던 순간에도 슬기롭게 이겨 낸 시간만큼
우리 가족은 더욱 굳건해지고 단단해질 것이다.

Thanks to

이 책이 나올 수 있도록 끝까지 힘써 준 김영화 부장님과 최유리 편집자님.
책을 집필하는 데 큰 힘이 되어 준 따뜻한 마음씨의 이진언 님.
엄마들이 반할 만큼 예쁜 삽화를 그려 준 센스 만점의 홍선주 님.
훌륭한 사진을 남겨 준 포토그래퍼 조병선 실장님(www.eco-studio.co.kr), 김보화 실장님.
촬영장에서 호흡이 척척 맞았던 감각 있는 스타일리스트 류민희 실장님.
프로페셔널한 모습을 보여 준 고마운 정샘물 인스피레이션의 최현정 메이크업 실장님.

아이 옷 협찬사

갭키즈 p.44, p.52 낼리스텔라 by 미니부티크 p.92 드팜 p.102, p.126 럭키보이선데이 by 미니부티크 p.4 미니부티크 p.66 바바라키즈 p.11, p.12, p.15, p.153 빈폴키즈 p.46, p.76, p.114 쁘띠마토 p.4, p.7 쁘띠슈 p.16 심플리키즈 p.38, p.42, p.48, p.74, p.78, p.94, p.104 아메리칸어패럴 p.11 앙뉴 p.108, p.175 올댓키즈 p.11, p.50, p.58, p.62, p.70 올리브프랜즈팜 by 미니부티크 p.88 요팀 by 매직에디션 p.15 우븐플레이 by 미니부티크 p.7 이펑코팔리노 by 쁘띠슈 p.16, p.84 임프스&엘프스 by 매직에디션 p.8 에이치앤엠키즈 p.56, p.72, p.90, p.98, p.134, p142 엠버숍 p.8, p.122 자라키즈 p.40, p.54, p.68, p.82, p.86, p.100, p.110, p.138, p.158 컨버스 p.106 케이트앤켈리 p.16, p.96 코튼베이비 p.96 토스 p.7 투스 by 일부 p.11 플래티넘베베 p.64, p.118, p.146 플로라&헨리 by 미니부티크 p.38, p.80, p.150

엄마 옷 협찬사

리스트 p.15 마쥬 p.4, p.23 쉬즈미스 p.16 에스쏠래지아 p.12 에이글 p.19 엘리자벳 p.12, p.23 에츠 p.15, p.16, p.19 올리스트 p.11 제시뉴욕 p.11 제셀반 p.8 케이트앤켈리 p.11 클럽모나코 p.15, p.19 투 p.4, p.11 할리숍 p.15 해지스레이디스 p.19, p.23